書類

 イラスト図解

生産性2倍の整理術

『THE21』編集部 編

 メモ

 デスク

 ノート

 引き出し

 カバン

 パソコン

PHP

はじめに

できる人のデスクはなぜ、美しいのか

◆ クリアなデスクは、頭の中までクリアにしてくれる

　いくらデスクが汚くても、書類が乱雑に積み上がっていても、「仕事ができればいい」という考え方もあります。「デスクは散らかっているけれど仕事はできる人」も確かに存在します。

　ただ、それでもやっぱり、デスクの上はきれいなほうがいい。それが、本書の結論です。

　視線をさえぎるもののないクリアなデスクを前にすると、頭の中までクリアになる気がします。その感覚は、一度味わうとなかなか忘れられないものです。

　「デスクは散らかっているけれど仕事はできる人」は、デスクを整えればさらにできる人になれるはずです。

　取材等でいわゆる「できる人」のオフィスを訪問すると、こうした「スッキリと整えられたデスク」が圧倒的に多いと感じます。デスクの美しさと仕事力との間には、確実に因果関係がある。では、その理由は何か。本書ではそれを解き明かすとともに、具体的な整理術を紹介します。

◆ 300人以上から聞いた「整理術のエッセンス」

　ビジネス月刊誌『ＴＨＥ２１』ではこれまで何度も「整理術」の特集を組み、おかげさまで好評を博してきました。

　その間、企業トップや大学教授、コンサルタントといった識者の方々から、「片づけのプロフェッショナル」と呼ばれる方々、そして現場で働く一般のビジネスパーソンの方々まで、多くの人のお話

をうかがってきました。その数は実に100人以上。メール等でご意見をうかがった方々まで含めると、実に300人以上の方々から「整理術」についてうかがってきた、という計算になります。

　本書ではそのエッセンスを凝縮してお伝えします。デスク周りの整理からスタートし、書類、パソコン、メモ・ノート、手帳、名刺、カバン、そして自宅の整理まで。基本的なことから応用まで、幅広く扱っています。
　本書は若手ビジネスパーソンの方はもちろんですが、中堅やベテランの方が読んでも、きっと新たな発見があると思います。あるいは、整理が苦手な後輩や部下への指導にも役立つでしょう。「整理なんてしなくても仕事ができればいいんですよね?」なんて言ってくる人へ、理路整然と反論できるようになります。

生産性向上は整理から

　働き方改革の一環として、仕事の生産性を高めることがあらゆる分野で求められています。どのように生産性を高めればいいのかは業種・業態によっても違ってきますが、「整理」だけは、あらゆる業種・業態に共通する生産性向上の手段です。
　生産性の向上＝短い時間で高い成果を出すためには、ムダを省き、なるべく価値の高い仕事に注力する時間を確保する必要があります。探しものなどの「ムダな時間」をなくし、整った環境で集中力を高める……。整理術はまさに、その第一歩となるのです。

　本書の整理術を活用していただき、ぜひ、「より速く、より高い成果を」出せるビジネスパーソンを目指していただければと思います。

　　　　　　　　　　　　　　　　ＴＨＥ21編集部

生産性2倍の整理術 — 目次

はじめに　できる人のデスクはなぜ、美しいのか ——— 2

◎序章　整理のスタートは「捨てる」ことから

● 「整理」の意味
**日本のビジネスパーソンは
「探しもの」に時間を取られすぎている！** ——— 10

● 場所別・整理のポイント
**デスク、引き出し、書類……
それぞれの「役割」を意識して片づけよう** ——— 12

● 捨てる技術
**「すべてのものをいったん出してみる」
ことが、生産性アップの第一歩** ——— 14

＊ビジネスパーソン100人アンケート
　誰もが抱える「片づけ」の悩みとは？……16

PART 1　デスクの整理

■ 「デスク周りの整理」の基本
**スッキリデスクの大原則は
「何を置くか、置かないか」と
「どこに置くか」を決めること** ——— 18
——— 教えてくれた人●オダギリ展子さん（事務効率化コンサルタント）

■ どこに何を配置するか？
**使用頻度と「使う手」を意識して、
ものを配置していこう** ——— 20
——— 教えてくれた人●オダギリ展子さん

CONTENTS

■オフィスの整理術
プロが伝授！「片づけの5ステップ」と「収納指数」とは？ ── 26
―― 教えてくれた人●飯田久恵さん（収納カウンセラー）

■本棚の整理
「古い本」から捨てていき、ラベルをつけて見やすく整理 ── 28
―― 教えてくれた人●飯田久恵さん

■書類棚の整理
「正体不明の書類」はひたすら処分！ひと目でわかる並べ方を ── 30
―― 教えてくれた人●飯田久恵さん

■共有引き出しの整理
探す時間をゼロに！必要なものが瞬時に見つかる収納法とは？ ── 32
―― 教えてくれた人●飯田久恵さん

■ロッカーの整理
「吊るす収納」を拡張すればもっと便利に使いやすくなる！ ── 34
―― 教えてくれた人●飯田久恵さん

＊私の整理術1：「整理の心得編」

PART 2　書類・PCの整理

■書類整理の基本
「インデックス」の活用で、必要な書類を瞬時に見つけ出す ── 38

■ファイリングのコツ
「1案件1クリアホルダー」で進捗度により書類を移動させていこう ── 40
―― 教えてくれた人●桃山透さん（T&Eネットワーク主宰）

■ デスクトップの整理 1
ファイル名のルール化で
「あの書類、どこに行った？」を解消する ── 44

■ デスクトップの整理 2
お勧めは「時系列で管理」。
検索をフル活用し手間をかけずにPC整理を ── 46

■ デジタルツールの活用・予定編
日々進化するツールやアプリを活用すれば、
重い資料も手帳も不要！ ── 48
── 教えてくれた人●佐々木正悟さん（心理学ジャーナリスト）

■ デジタルツールの活用・アウトプット編
良質なアイデアを生み出す！
「脳を刺激する」革新的なツールとは？ ── 50
── 教えてくれた人●佐々木正悟さん

＊私の整理術 2：「情報・書類編」

PART 3　情報の整理

■ メモ・ノートの基本
後で見返す「ほんのひと手間」が、
メモを最大限に活かすコツ ── 54

■ メモ・ノートの活用法
うっかりミスが激減する！
達人が実践する7つの「すごいメモ術」── 56
── 教えてくれた人●坂戸健司さん（ビジネスプランナー）

■ 手帳の使い方
「予定を配置する」発想で、
仕事の生産性は圧倒的に向上する ── 60

CONTENTS

■付箋活用術1
頭の中のモヤモヤを、付箋にすべて書き出して整理しよう ———— 62
──── 教えてくれた人●平本あきおさん（講師／講演家／メンタルコーチ）

■付箋活用術2
「付箋会議」でチームや家族の課題もスッキリ解決！ ———— 64
──── 教えてくれた人●平本あきおさん

＊私の整理術3：「グッズ活用編」

PART 4 ｜ モノの整理

■カバンの整理
必要なものがすぐに取り出せる！ビジネスバッグの整理術 ———— 68
──── 教えてくれた人●草間雅子さん（美的収納プランナー）

■名刺の整理
ポイントは「手軽さ」。仕事のタイプ別・ベストな管理方法とは？ —— 72

■人脈の整理
溜め込むだけでは意味ナシ！「ノート」を活用して関係性を育てていこう ——74

■整理された状態を維持する
リバウンドゼロ！ モノが溜まらない仕組みを作る8つのコツ ———— 76

＊私の整理術4：「プライベート・自宅編」

PART 5　自宅の整理

■**クローゼットの整理1**
着たい服がすぐに見つかる！
整理のシステム構築は「棚卸し」から始める —— 82
　　── 教えてくれた人●草間雅子さん（美的収納プランナー）

■**クローゼットの整理2**
ハンガーを活用した「吊るす収納」なら、
すべての衣類が一目瞭然 —— 84
　　── 教えてくれた人●草間雅子さん

■**自宅整理のコツ1「持ち込まない」**
「玄関ストップ」で、不要なものを決して
家の中に入れない —— 86
　　── 教えてくれた人●小林尚子さん（整理収納アドバイザー）

■**自宅整理のコツ2「定位置を決める」**
「生活の動線」を考えて配置すれば、
みるみる片づいていく —— 88
　　── 教えてくれた人●小林尚子さん

■**自宅整理のコツ3「溜め込まない」**
グッズの利用と「収納ルール」で
部屋をスッキリ整える —— 90
　　── 教えてくれた人●小林尚子さん

■**自宅整理のコツ4「なくさない」**
「用途が同じもの」をひとまとめにすれば、
必要なものがすぐ見つかる —— 92
　　── 教えてくれた人●小林尚子さん

序章

整理のスタートは「捨てる」ことから

日本のビジネスパーソンはものを持ち過ぎである……多くの専門家に取材すると、必ずこのような意見が出てきます。オフィスの整理をするにあたって、まずすべきことは「捨てる」こと。
序章では「そもそも、なぜ整理が必要なのか」という概論と、その第一歩となる「捨てる」技術をお伝えします。

■ 「整理」の意味

日本のビジネスパーソンは「探しもの」に時間を取られすぎている！

人は探しものに時間を使いすぎでは？

「平均的なビジネスパーソンが探しものに費やす時間は、1年に約150時間」という驚きのデータがあります（リズ・ダベンポート著『気がつくと机がぐちゃぐちゃになっているあなたへ』より）。1日8時間労働だとすれば、実に20日弱。確かに多くの時間を費やしている印象はあったけれど、まさかこれほどとは……。多くの人がそんな印象を持ったのではないでしょうか。

きちんと整理されたデスクなら、当然、探し物にかかる時間は大幅に削減されます。仮に半減するとしたら、年間70時間もの時間が新たに生み出されるのです。

整理の効果はそれだけではありません。人は視界に余計なものが入ると、無意識のうちにそれに気を取られてしまいます。**ものがたくさんある場所よりも、何もない場所のほうが仕事に集中できる**。つまり、整理の有無は仕事の生産性に直結するのです。

「自分は散らかっていても大丈夫」とは言うけれど……

それに対して、「自分はどこに何があるかわかっている」「机が汚くたって仕事ができればいい」という人が、どんな会社にも1人はいるはず。ただ、チームで働く以上、この理屈は通用しません。

自分が休んでいる日に顧客から問い合わせが入り、机の中の資料が必要になった。でも、まったく整理されておらず、資料がどこにあるのかわからない……。これでは、チームメンバーとして失格です。また、前任者が資料を整理していなかったため、後任の担当者が途方に暮れる……というのもよくあるケース。<mark>自分では気がつかないうちに、周りの人に迷惑をかけている</mark>のです。

自分はもちろん「周りの人にとってわかりやすいデスクか」も大事

整理は「ストレス」にも効果大！

　現在、多くの人が「マルチタスク」で仕事をこなすことを求められています。

　ただ、人は複数のことを同時に処理しようとすると、強いストレスを感じるもの。そこに家庭やキャリアの悩みまで入ってくれば、なおさらでしょう。

　デスク周りに大量のものや書類があると、無意識のうちにそれが視野に入り、ノイズとして思考を乱します。それが、疲れた脳にさらにストレスを与えてしまいます。

　マルチタスクが不可避なら、せめてデスク周りだけでもノイズをなくし、集中できる環境を整えてみてはいかがでしょうか。それが仕事のスピードを上げるだけでなく、心の安定にもつながるはずです。

　<mark>整理とはまさに、生産性向上に不可欠なもの</mark>なのです。

» POINT

1. 探しものに使っている時間はバカにならないほど多い
2. 整理しないデスクは人に迷惑をかけることも
3. 整理ができるとストレスも消える

■ 場所別・整理のポイント

デスク、引き出し、書類……それぞれの「役割」を意識して片づけよう

デスクの上

「動線」を意識することが大事

普段、最も多くの時間を過ごすであろう場所だけに、ここが整っていないと仕事の効率はぐんと下がってしまう。意識すべきは「動線」だ。仕事をしていて、ものがすぐになくなったり、動くたびにものが落ちていたりしたら、それは自分の身体の動きとものの位置が合っていない可能性が高い。最適な置き場所を見つけ出そう。

引き出し

位置を決め、いちいち戻す

引き出しはものをとりあえず入れておく場所ではない。どこに何を入れるかを緻密にプランニングし、それを徹底することが重要。基本は「1つの作業を終えたら、元の場所に戻す」を習慣づけること。また使うからと置きっぱなしにすると、デスクの上にどんどんものが溜まっていってしまう。

書類

「破棄」がポイント

ついつい溜まりがちな書類は、「どうやって整理するか」より先に、「どうやって捨てるか」を考えよう。いわば「捨てるルール作り」だ。たとえば「1カ月後に引き出しに」「3カ月後に書類棚に」「半年後に破棄」などと決め、それに応じて粛々と整理を進めていくのだ。また、基本的なポイントとして「寝かさず、立てる」のも重要。

パソコン

「検索のしやすさ」を第一に

パソコン内のファイルの整理において何より重要なのは「欲しいファイルがすぐに取り出せる」こと。いくら緻密にフォルダ分けをしてファイルをきれいに整理したところで、目的のファイルを見つけるのに時間がかかってしまっては意味がない。むしろ「どんなファイルを、どんな名前で残すのか」が重要と言える。

メモ・ノート

日付によって管理する

「書きっぱなし」になってしまうことの多いメモやノート。多くの識者の方々が勧めるのは「日付」による管理だ。特定の場所に常に日付を入れ、過去のメモやノートも日付によって管理する。「いつ頃の話だったかな」という情報だけで、意外と見つけられるものだ。もちろん、それをさらにデジタル化すれば検索性はより高まる。

COLUMN

❗ 意外と忘れがちな「カバンの整理」

カバンの中がぐちゃぐちゃで必要な資料がなかなか取り出せず、冷や汗をかいたことのある人は多いはず。デスクは整っているのに、カバンの中の整理には無関心、という人は意外と多い。カバンの整理についてはPART4にて取り上げているので、ぜひ参照していただきたい。

■ 捨てる技術

「すべてのものをいったん出してみる」ことが、生産性アップの第一歩

持ち物すべてを一度、机の上に出してみよう

「多くの人は、必要以上のものを持っている」……片づけや整理の専門家からお話を聞くたびに、必ず言われることです。

それを実感するために、**「すべての持ち物を出してみる」**という作業をやってみましょう。引き出しやキャビネットの中、ロッカーや本棚の中、カバンの中のものまで、自分が持っているすべてのものを、大きめのデスクの上に出してみるのです。

やってみると、おそらく「自分はこんなにものを持っていたのか！」と驚くはず。人によっては、デスクに置き切れないかもしれません。こうして俯瞰してみて初めて、自分がものを持ち過ぎであることに気づく。これが、整理のスタートです。

! 同じものをムダに複数持っていることも多い。

! ほとんどの人は、机1つには収まらないはず。

■「ルール化」すると、ものを捨てやすくなる

　出したものをパッと見ただけでも、「これはいらないな」というものが見つかるはず。まずはそれらを捨てていきます。

　その後、さらにものを減らしていくわけですが、ポイントは「捨てるもののルール化」。たとえば「1年以上使っていないものは捨てる」などと最初に決め、その通りにバッサリと捨てていく。すると、迷いがなくなります。このルールは人によって「半年」だったり、「2年」だったりすると思いますが、5年や10年となるとちょっと長すぎるでしょう。

　ただ、それでも迷うものはあるはず。そういうものはとりあえず「保留」に。ただし、保留としたものはすべてひとまとめにしておきます。そして次回の整理の際、やっぱり一度も使わなかったものは捨てるようにするのです。

　「捨てる」という行為は、整理術のコアと言えるほど重要です。

■「すぐにものを捨てられる」環境作りを

　もののリストラを終えたら、今度はものを再び増やさない仕組みを作ることが大事です。ここで意識したいのは、捨てやすい環境を作るということ。

　細かいことですが、足元に小さなゴミ箱を置いておけば、不要なものが生まれたらすぐに捨てることが可能に。

　書類については機密情報が含まれることもあるため、シュレッダーやトレースボックスに入れなくてはならないケースも。いちいちそこまで行くのが面倒なら、デスクに「後で処分」用の書類を入れるクリアホルダー（クリアファイル）を設け、とりあえずその中に。そして、退社前にまとめて捨てるのがお勧めです。

ビジネスパーソン100人アンケート
誰もが抱える「片づけ」の悩みとは？

Q1
オフィスでつい溜めてしまいがちなものはなんですか？
（複数回答可、3つまで）

項目	割合
書類	57.5%
参考資料	45.0%
メモ用紙	17.5%
名刺	15.0%
リリースやパンフレット	12.5%
筆記用具（ペンなど）	10.8%
商品見本（サンプル）	5.8%
本・雑誌	5.0%
CD-ROM、DVD	3.3%
文房具（筆記用具以外）	2.5%

半数以上の人が選んだ「書類」をはじめ、参考資料やメモ用紙など、オフィスではとにかく「紙」が溜まりがちのようだ。昨今ではペーパーレス化を推進する企業も増えているが、まだまだ紙の書類は多く、その処理に悩む人も多いということだろう。ぜひ、本書PART1とPART2を参考に、「溜め込まない仕組み作り」を。

Q2
整理・片づけに関して、どのような悩みをお持ちですか？
（複数回答可、3つまで）

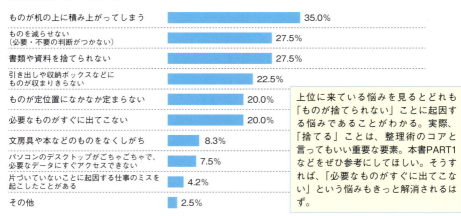

項目	割合
ものが机の上に積み上がってしまう	35.0%
ものを減らせない（必要・不要の判断がつかない）	27.5%
書類や資料を捨てられない	27.5%
引き出しや収納ボックスなどにものが収まりきらない	22.5%
ものが定位置になかなか定まらない	20.0%
必要なものがすぐに出てこない	20.0%
文房具や本などのものをなくしがち	8.3%
パソコンのデスクトップがごちゃごちゃで、必要なデータにすぐアクセスできない	7.5%
片づいていないことに起因する仕事のミスを起こしたことがある	4.2%
その他	2.5%

上位に来ている悩みを見るとどれも「ものが捨てられない」ことに起因する悩みであることがわかる。実際、「捨てる」ことは、整理術のコアと言ってもいい重要な要素。本書PART1などをぜひ参考にしてほしい。そうすれば、「必要なものがすぐに出てこない」という悩みもきっと解消されるはず。

調査概要
サンプル数　120
実施期間　2018年3月6日〜3月14日
対象　20代〜50代会社員・公務員
自社調べ（マクロミルモニタおよびQuestant使用）
調査方法　インターネット調査

PART 1

デスクの整理

> 多くの人にとって、仕事で一番多くの時間を過ごすのは「デスクの前」でしょう。いわば、デスクは仕事の司令塔。その整理が行き届いていなければ、適切な指示を適切なタイミングで出すことができなくなってしまいます。
> このパートでは、そんなデスクの整理術を紹介。「ほしいものが、今すぐ出せる」状態を目指します。

■「デスク周りの整理」の基本

スッキリデスクの大原則は「何を置くか、置かないか」と「どこに置くか」を決めること

●教えてくれた人：オダギリ展子さん（事務効率化コンサルタント）

整理ができる人ほど、仕事ができる理由とは？

　デスク周りが整理できているかどうかは、仕事のクオリティに大きな影響を与えます。整理されたデスクなら、何がどこにあるかが一目瞭然。必要なものをすぐに取り出すことができ、探し物に時間を取られることもありません。結果的に仕事が速くなります。

　また、大事な書類やメモの紛失は、ものがゴチャゴチャに置かれていることが原因のほとんど。デスク周りの整理が行き届いていれば、こうしたミスも防げます。つまり、==デスクの整理により「効率化」「ミス防止」が同時に実現できる==のです。

　ただ、デスクの上には書類が山積み、引き出しの中はゴチャゴチャ……という状態では、何から手をつければいいかわからない方も多いでしょう。でも、心配はいりません。整理のルールはとてもシンプル。具体的には==「置くものと置かないものを決める」「置くならどこに置くかを決める」==という2大原則によって、誰でもデスク周りの整理は可能なのです。

　まずは、「置くものと置かないものを決める」こと。そもそもオフィスである以上、置くべきものは「仕事で使うもの」だけのはず。でも、意外なほど関係ないものが置いてあったりするのでは？「仕事に直結するか」で自分の持ち物を見直してみてください。自然とアイテムが絞られ、ムダなものを減らすことができるでしょう。

■デスク周りの整理のステップ

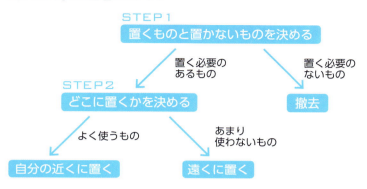

「使用頻度」により、置く場所を決めていく

　こうして置くものが決まったら、次はどこに置くかを決めましょう。ここで意識すべきなのが、「使用頻度」。基本は、**「よく使うものを近くに、そうでないものは遠くに」**。この原則で配置していくのです。

　ただ、ここで起こりがちなのが、使用頻度が高いからとなんでも机の上に置いてしまうこと。机の上には確かに使用頻度の高いものを置くべきですが、あくまでアイテムは最小限に絞り、スッキリさせておきましょう。

　その理由は「快適さ」。ものが散乱しているデスクより、スッキリ整ったデスクのほうが心地よいのは言うまでもありません。

　その結果、気持ちが整い、頭も働くようになる。つまり仕事のパフォーマンスに大きな影響を与えるのです。

COLUMN

！ スッキリデスクが長続きする2つの方法

①机周り分割整理法：机周りを机の左側、右側、上段引き出し……机下と分割し、1日5分でも、エリアごとに「整理 → 整頓」の2段階で掃除を。
②小片づけ：1つの作業が終わるごとにペンやファイルなどを定位置に戻し、不要な紙片や消しゴムの消しクズなどはゴミ箱に。気持ちの切り替えにも◎。
①②を合わせて習慣化することで、机周りはいつもスッキリ！

■ どこに何を配置するか？

使用頻度と「使う手」を意識して、ものを配置していこう

●教えてくれた人：**オダギリ展子**さん

▎ペンは利き手側に。ただし電話は逆に

　ここからは、使用頻度に応じて、具体的にどのように配置していくとよいかについてお話しします。オフィスで使われているデスクにはさまざまなタイプがありますが、本書では、席に座った際に右側に3段の引き出しがついたデスクを例に説明します。

　どこに何を置くかは「使用頻度」によって決めていきます。オフィスのデスクなら、一番使うものを机の上に。その次に引き出しに配置していきます。机の上にはパソコンや電話など。また、進行中の書類を保管するためのボックスファイルやトレイ、ペン立て、メモなど。深さが浅めの上段の引き出しは、文具を中心に。中段、下段はその深さに応じてフレキシブルに使う、というのが基本です。

　ここで意識してほしいのが**「使う手」によってものの配置を決めるという考え方**です。右利きの人なら、筆記具は利き手である右側にあるほうが自然に使えます。ただし、「利き手＝使う手」とは限りません。たとえば電話は、話しながら利き手でメモを取ることが多いので、右利きの人なら左側に配置するのが◎。

　また、ホッチキスや穴あけパンチの使い方などは個人差があります。どうすればものを取り出してから元に戻すまでの一連の作業がスムーズになるか、シミュレーションしてみましょう。そのうえで、**作業動線にムダのない配置をする**のです。

■机上整理の基本
「使用頻度と使う手を考慮して置き場所を決める」

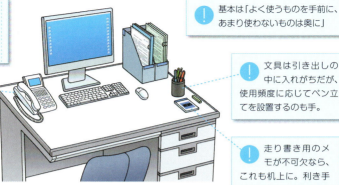

- 電話は話しながらメモを取ることが多いので、利き手とは逆の位置に。
- 基本は「よく使うものを手前に、あまり使わないものは奥に」
- 文具は引き出しの中に入れがちだが、使用頻度に応じてペン立てを設置するのも手。
- 走り書き用のメモが不可欠なら、これも机上に。利き手側に置くようにしよう。

PART 1 デスクの整理

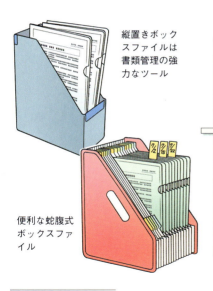

- 縦置きボックスファイルは書類管理の強力なツール
- 便利な蛇腹式ボックスファイル

机の上にどうしても書類が山積みになってしまう……という人は、多段トレイやボックスファイルの利用を。その際は、「未処理」「処理済み」など、作業段階別に整理して保管するのがいいだろう。案件ごとにクリアホルダーに書類を入れて保管する場合は、1案件の書類の量が多い人は横置きの多段トレイを。少ない人はボックスファイルに立てて収納するのがお勧めだ。
ボックスファイルにはさまざまな種類があるが、左のイラストのような伸び縮みする蛇腹式のボックスファイルは、仕事量の把握もでき便利。

COLUMN

裏ワザ：机上に付箋を貼っておこう

使用頻度が高い付箋だが、小さくて他のものに紛れがち。そこでお勧めなのが、台紙をはがし、机上に直接貼りつけて固定するというテクニック。

これなら必要なときにすぐに使え、紛失も防げる。

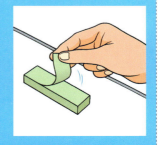

21

引き出し上段の整理

文具を中心に仕切りを使って整理を

★入れるアイテムを厳選する

1つのアイテムで多機能なもの、高性能なものを選べば、その分多く持たずにすみ、省スペースになる。たとえばハンディタイプのホッチキスなら、40枚まで綴じられるタイプなど。引き出しに入れるものを選ぶ段階から、整理は始まっている。

★間仕切りや小箱を活用

トレイに合わないものは、それより奥の空いたスペースに入れることが多いが、引き出しの開閉のたびにガチャガチャと動きやすいのが難点。クリップなど軽いものは他のものと混じってしまう可能性も。そこで、間仕切りや小箱などを使って混入防止を！取り出しやすさと見た目のUPにもなる。

1台で2色使える2段式スタンプ台も便利

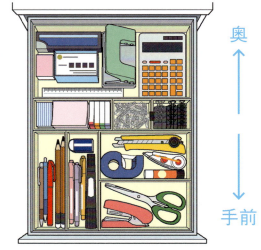

★同じものが複数ないかチェック

よくあるのが、「赤ボールペンが3本」「はさみが2本」など、同じアイテムが複数入っているデスク。よほど使用頻度が高いものでもない限り、同じものを複数持つのはただのムダ。

★トレイをうまく使う

上段の引き出しには文具専用のトレイが入っていることが多いので、ペンやカッター、はさみなどは、このトレイにうまく収納するのがいい。その際の置き方は、トレイの形状に合わせながら、ペンなどよく使うものを手前にするのが基本。

自分に近く、軽くて開閉しやすい上段の引き出しには、よく使う文具類を収納することが多い。備えつけの専用トレイが使える場合は、自分の使い勝手がよくなるように活用しよう。引き出しの開閉時に中のものが動くのが気になる方は、間仕切りや小箱などを利用して、動かないようにすると◎。

引き出し中段の整理

高さを活かして、他の2段とは違う使い方を

★**上から見てひと目で把握できる入れ方を**

中段の引き出しでは深さと入れ方がポイント。深さに合うものを縦に入れると、上から見て一目瞭然となり、出し入れしやすい。宅配便の送り状、CD-ROMやDVDなどはまさにうってつけだ。

★**空いた場所は有効利用して！**

深さがあり、比較的使いやすい中段の引き出しの空いたスペースには、マグカップなどよく使う私物を入れてもいいだろう。

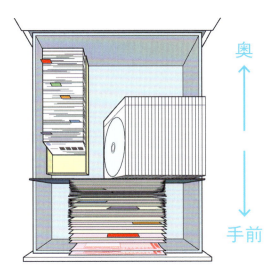

★**インデックスをつけておく**

縦に入れたものにインデックスをつけておくと、さらに効率UP。たとえば発送業務が多い人は、宛名や差出人の印字を済ませた宅配便の送り状を宛名ごとに並べ、インデックスをつけておけば、必要なときにすぐに取り出せる。

「上段＝文具」「下段＝書類」などと、他の引き出しに比べて用途があまりはっきりしていない中段だからこそ、自由にフレキシブルに使おう。図のように名刺を入れてもいいし、商品サンプルやマグカップなどを入れてもいい。もし高さが合うなら、ボックスファイルを設置するのもお勧めだ。

PART 1 デスクの整理

引き出し下段の整理

ボックスファイルを活用して書類を保管

★空いたスペースにはカバンもあり

深さのある下段の引き出しには、足元に置いてしまいがちなカバンの保管場所にするという手も。引き出しの奥に書類を溜め込んでしまうことも防げて一石二鳥。

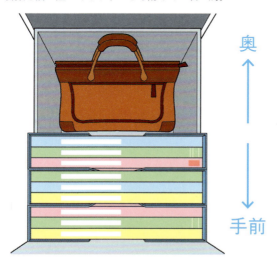

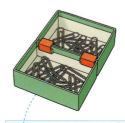

> **各引き出しに入れる箱にひと工夫**
>
> 引き出しに小箱やボックスファイルなどを設置する際は、開閉のたびにこれらが動いてしまわないように箱同士を連結させておくと◎。イラストは、上段の引き出しに設置する小箱2つをクリップでつないだ例。

★ボックスファイルを活用

下段の引き出しに書類を入れる場合は、書類が倒れないように、中にボックスファイルを設置することをお勧めします。このとき、ボックスファイル同士をクリップで連結すると、スキマに書類やメモが紛れ込むのを防ぐことができるので、さらに◎。

★ラベルで上からも見やすく

ファイルの背表紙にはラベルをつけて、上から見ただけですぐに何のファイルかがわかるようにしておこう。また、「溜め込み」を防ぐためにも、その作業が完了した時点で「○○年○月に破棄」などと書き込んでおくのもいい。

深さのある下段の引き出しは、Ａ４サイズの書類やファイルを保管するのに適している。そこにボックスファイルを設置することで、書類やファイルが倒れることなくきっちり収まるようになる。
ただ、大量に収納できるからといって溜め込みは厳禁。不要な書類を何年も入れっぱなしにすることがないように、「下段の引き出しに入れるのは現在の仕事で使う書類のみ」「法的に保存が必要な書類は倉庫に移す」などと、ルールを決めて管理しよう。

オダギリ流・クリアホルダー使い分け術

案件ごとにクリアホルダーに入れることで、書類を整理している人は多いでしょう。実は、クリアホルダーにはさまざまな種類があり、使い分けるとより便利に。たとえば、標準的なクリアホルダーの厚さは0.2mmほどですが、その倍となる0.4mmの厚口のクリアホルダーも存在します。厚みがあるため折れたりしなったりしにくいので、書類を立てて保管する際に重宝します。それよりさらに厚い1.3mm（表裏の計）の超厚口タイプは、カバンの中に入れての持ち歩きや下敷きボードとしての使用にも◎。一方、薄型のクリアホルダーは、厚めの小冊子などを郵送する際に便利。かさばらず、軽いのでコストダウンにも。

この他にも、ポケット数や幅、透明度の違い、カラー縁どりなど、いろんなタイプがありますので、ぜひ、チェックしてみてください。

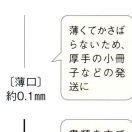

〔薄口〕約0.1mm — 薄くてかさばらないため、厚手の小冊子などの発送に

〔標準〕約0.2mm — 最も標準的なタイプ。オールラウンドに使えて便利

〔厚口〕約0.4mm — 書類を立てて保管する際のしなり・折れなどの防止

〔超厚口〕約1.3mm超（表裏計）— 持ち運び、カバンの中での折れ防止、下敷きボードとして

厚みのあるクリアホルダーは持ち運びに◎

COLUMN

! 「厚紙を使う」という裏ワザも

案件がスタートしたばかりのときなど、書類の量が少ないためにクリアホルダーがしなったり倒れたりして、立てにくくなることが……。もちろん、厚口のクリアホルダーを使うのも手だが、簡単にできる解決策として、厚紙を1枚挟んでおく、という手がある。

■オフィスの整理術

プロが伝授！「片づけの5ステップ」と「収納指数」とは？

◉教えてくれた人：**飯田久恵**さん（収納カウンセラー）

「収納指数」がなるべく少なくなるように

　片づかないオフィスの特徴、それは「とにかく不要なものが多すぎる」こと。正体不明のファイルが棚にあふれていたり、すでに終わった案件の書類が机の上に山積みになっていたり……。こうなってしまう最大の原因は「捨てていない」ことです。

　そこで、真っ先にすべきはやっぱり「捨てる」です。私は次の5つのステップで「根本的改善」を行うことをお勧めしています。

　1　ものを持つ基準を自覚する
　2　いらないものを取り除く
　3　置き場所（住所）を決める
　4　入れ物（入れ方）を決める
　5　快適収納を維持する（使ったら元の場所に戻す）

　ポイントは、==捨てるという作業を日々の仕事の一部に組み込むこと==です。部単位や課単位で「捨てる時間」を設けてもいいでしょう。

　捨てた後は、「置き場所を決める」のですが、これはよく使うものほど近くに置くのが基本です。

　意外と見逃しがちなのが4の「入れ方」です。入れ方を間違えてしまうと、すぐにまた散らかってしまいかねません。

　そこでご紹介したいのが **「収納指数」**® という考え方。これは、出し入れの際に発生する歩数と動作（アクション）の数を足したもの

■ものが片づく「5つのステップ」

重要なのはステップ順に実行すること。もし、出して元に戻すのが難しくなったら、新たなものが必要になった可能性が。その場合、入れ物は増やさず、ステップ1に戻って改めて見直してみること。

今、使っているものだけを出す

整理された状態を保つためにぜひ、心がけてほしいのが、「今、使っているものだけを出す」という考え方。
パソコン、あるいは使用頻度の高いメモ帳や筆記用具以外は、「今、手がけている仕事」の書類だけを机の上に出す。そして、その仕事が終わったらいったん片づけて、次の仕事の資料を出す。これを徹底することで、常に片づいた状態を保つことができる。一見面倒なようだが、仕事の効率もむしろ上がることが多い。

です。収納においては、この数をなるべく減らすことがポイントです。

　たとえば使用頻度の高い書類が10歩離れた扉つき書棚のボックスファイルに入っていたとします。それを出すには椅子から立ち上がり（1アクション）、（10歩）歩いて家具の前に立ち、扉を開き（1アクション）ボックスを取り出し、近くのテーブルに置き、書類を出す（3アクション）。そしてボックスを戻し、扉を閉め、10歩歩き椅子に座る。「収納指数」は20歩＋8アクションで28。非効率ですね。その書類をデスクの引き出しに入れれば、引き出しを引く、出す、閉めるの3つのみ。「収納指数」は25も減ります。「収納指数」を減らすには、収納の位置と入れ方を見直せばいいのです。

■本棚の整理

「古い本」から捨てていき、ラベルをつけて見やすく整理

●教えてくれた人：**飯田久恵**さん

「どの本が不要か」を判断するのは難しい……

　仕事で使う参考資料はなかなか捨てにくいもの。その結果、本棚は常にいっぱいに。必要な本が取り出しにくいのはもちろん、そもそも、どの本がどこにあるかがわからず、本探しに膨大な時間がかかることに……。このような事態を防ぐためには、やはり **「捨てる」ことが基本** になります。

　ただ、どの本を捨てるかを決めるのは、なかなか難しいものがあります。そこで、私がお勧めしているのは「時間の流れで決める」こと。つまり、**古いものから捨てていく** のです。多くの本は時間が経つにつれ、鮮度が落ちていくもの。スペースが不足したら、古い本から捨てていくことをルールにするのです。

　もちろん、時代を経ても価値が変わらない名著もあります。ただ、それはごく少数ですし、そうした名著ならまた買い直すことも容易なはず。多くの本の中から目的のものを探し出す手間より、必要なときにネット書店で購入する手間とコストのほうが、はるかに小さいのではないでしょうか。

　同時に、どんな本を処分して、どんな本を残したかを情報共有できるシステムがあるとベスト。エクセルなどに **「捨てた本リスト」** を作っておき、本棚で本を探す前にチェックすることをルール化しておけば、ムダな探し物に時間をかけることはなくなります。

★ジャンル別に並べよう

本の並べ方は著者順、タイトル順などあるが、オフィスでは「ジャンル別」に並べるのがお勧め。このジャンル分けは仕事内容によって違ってくる。たとえば営業部で、業界情報を調べる際に本を活用しているなら、「業界別」に並べる。社員の能力向上を目的としているなら「思考術」「マーケティング」などとスキル別に。もし、専門家や講師など「人」で探す必要がある会社なら「著者50音順」もありだ。

> ! 人の名前で並べる際、アルファベット順は避けたほうがいい。頭の中でいちいちローマ字に切り替える作業が発生し、意外とストレスになる。

★インデックスを使う

ジャンル別に並べたうえで、その場所をひと目で把握できるよう「インデックス」をつけるといい。ジャンル名の書かれたタブを本と本の間に挟んでおけば、探す手間は大幅に減少する。

> **深すぎる本棚は使わない**
> 本が前後2列に並べられるような深い本棚は避けたほうがいい。確かに大量の資料を保管できるが、前に本があると後ろの資料がよく見えず、取り出しにくくなってしまう。

»NG

1. キャパオーバーで本があふれている
2. 本が前後2列になっており、取り出しにくい
3. 並べ方がゴチャゴチャで必要な本が見つからない

»OK

1. すべてのタイトルが見えて、取り出しやすい
2. ジャンル別に分けられ、必要なものが探しやすい
3. インデックスで迷わない

PART 1 デスクの整理

29

■ 書類棚の整理

「正体不明の書類」はひたすら処分！ひと目でわかる並べ方を

●教えてくれた人：飯田久恵さん

ポイントは「見つけやすく、引き出しやすい」

　デスクに収納しきれなくなった書類は要不要を選別後、離れた場所にある書類棚に収納することになります。ただ、こうした書類棚には「正体不明」の書類が増えがちです。

　中でもトビラのついた書類棚は、出し入れのたびに開閉する手間がかかります。目が届かないだけに、不要な書類も放置されがちに。扉を閉じている分には整然としているようで、開けてみると何年も放置された正体不明の書類が大量にあふれていることも。

　ここでも第一の対処法は「捨てる」です。そもそも**現時点で正体不明の書類が、今後必要になることなどまずありません**。それでも捨てるのが怖いなら、スキャンして保存しておきましょう。

　こうして、まずは収納できる場所を確保するのが第一歩です。

　続いて、そこに書類を配置していくわけですが、**ポイントは「見やすさ」と「取り出しやすさ」を考えること**です。理想はパッと見ただけで、何が入っているかがわかること。なるべく同一規格のファイルを使い、背表紙にタイトルを書いておくことも必須です。

　また、机上に置くには便利なボックスファイルですが、書類棚に入れると「引き出す」「書類を出す」「ボックスをしまう」という余計なアクションが増えてしまいます。「取り出しやすさ」を意識して収納グッズを選びましょう。

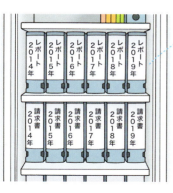

> **並べる場所にもひと工夫**
> ファイルにもよく使うものとそうでもないものがあるはず。よく使うものは目線の高さに合わせ、使用頻度が高くないものは上段や下段に配置すると、取り出す際のストレスが緩和される。

瞬時に中身がわかるようファイリングを

ファイルは同じ規格のものを使うと、統一感が出て探しやすい。各ファイルの背には、瞬時に中身がわかるようにタイトルをつけることも忘れずに。

また、ファイルはただ入れておくだけでなく、あいうえお順、日付順など、誰もがわかりやすい順番で並べておくこと。探しやすいのはもちろん、元の位置に戻しやすいので片づいた状態が維持できる。

ブックエンドも活用

ファイルが書類棚にきっちり収まるとは限らないため、ブックエンドは必須。コの字型のブックエンドなら、L字型と比べファイルの重みで倒れることがなく、空間があっても寄せれば倒れないので安心だ。

「使うもの同士」ひとまとめに

書類棚には文房具等を入れておくことも多いはず。その際、無造作に詰め込むのではなく、たとえばカッターとはさみとガムテープなど、同時に使うもの同士をボックスでひとまとめにしておくと、作業時に1アクションで取り出せて便利。書類棚の中でものが散らかることもない。

》NG

1. 正体不明の書類が詰め込まれ、開かずの棚状態
2. 必要な書類の分類ができていない
3. 書類以外の不要品がとりあえず押し込まれている

》OK

1. ひと目見ただけで何がどこに入っているかがわかる
2. きっちり分類されており、探しやすく、戻しやすい
3. ものがボックスにまとめられている

PART 1 デスクの整理

■ 共有引き出しの整理

探す時間をゼロに！必要なものが瞬時に見つかる収納法とは？

●教えてくれた人：**飯田久恵**さん

大きさによって入れる場所を決めよう

　デスクとは別の場所にある共有の収納場所。まず考えるべきは「その什器をどこに置くのか」。当然、使用頻度が高いものほどデスクから近い位置にあったほうが便利です。よく使用する人との動線も考えて、少ない歩数で出し入れできる場所に配置しましょう。

　また、家具選びも重要。万能な什器は、トビラを開ければすべて見渡せるような可動棚がついたタイプ。その中にボックスやトレイ、引き出しやスタンドなどを入れて収納していきます。ボックスは棚と同じ奥行きがあるものを選ぶといいでしょう。スペースを最大限利用できます。

　大きなものは直接棚に置けばいいのですが、小さなものは直接置くと乱雑になるのでフタなしのボックスを使います。入れ方は重ねずに立てること。出金伝票やCD-ROMなどは立てると倒れるので、その場合は仕切り（空き箱も活用）を使います。そして、そのボックスを棚に置きます。置くときのコツは中身が見えるように上の棚板との間に空間を持たせること。そうすれば扉を開けるだけですぐ取り出せます。細かな文具や電池などは、引き出しタイプのレターケースに入れて棚に置けばラクに管理できます。

　棚がついた家具なら、棚板の高さを調整することで、書類も文具もスムーズに出し入れできます。まさに万能の什器です。

! レターケースなどに入れる場合、クリップやホチキスの針などを箱から出して入れると、すぐ見えてすぐ出せる。

引き出しの整理

基本は「1つの引き出しに1つのもの」、あるいは「1つの引き出しに同じ目的を持つものをまとめる」。やむなく2つ以上のものを入れる際は、ラベリングでその旨を明記する。
もう1つ気をつけたいのは、ものを重ねて置かないこと。たとえば数社の宅配便の伝票を重ねると、目的のものがすぐに見つからない。1つの引き出しに1つのものなら重ねてもOK。

! 「スタンプ」と朱肉など、同じ目的を持つものをまとめておくとわかりやすい。

! 「立てて入れる」と省スペースに。

! カメラなど不規則な形をしたものや梱包材は箱に入れて収納しておくと、きちんと収まりやすい。買ったときの箱に入れたまま収納しておくとわかりやすい。

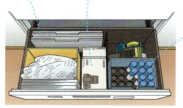

! のりなど箱に入っていたものは、ふたを切り取って箱ごと入れておく。

深めの引き出しの整理

深めの引き出しタイプの収納はものがたくさん入る分、うまく使わないと中身がぐちゃぐちゃに。ポイントは、上から見て一覧できるようにとにかく立てること。上のものを出さないと下のものが見えない、というような状態にしないことだ。書類などはクリアホルダーやボックスファイルを使えば立てられる。ストックの伝票や筆記用具もボックスや空き箱を使って立てる。

» NG

1. 「とりあえずとっておく」ものであふれている
2. 閉めれば見えないからと中身がごちゃごちゃ
3. どこに入っているかでいつも迷う

» OK

1. 引き出しを開けると中身がスッキリまとまっている
2. どこに何があるか、すぐに見つかる
3. 常に引き出しに余裕がある

PART 1 デスクの整理

■ ロッカーの整理

「吊るす収納」を拡張すれば もっと便利に 使いやすくなる！

◉教えてくれた人：**飯田久恵**さん

基本は自由。ただし最低限のマナーを

　社員1人ひとりにロッカーが支給されている会社も多いはずです。こうしたロッカーは個人用である以上、使い方は基本的に自由。ただ、人に見られて恥ずかしいほど散らかっていたら問題ですし、ロッカーの上など、本来は共有スペースである場所にまでものを積み上げるのもNG。やはり、一定のマナーは必要です。

　さて、多くのロッカーには上段と下段に棚が1つずつ、それに衣服などを吊るすためのパイプが1本ついている、というのが一般的でしょう。この上下の棚にいろいろとものを置いてしまうと、ロッカーの中が乱雑になる原因に。上段には非常用グッズ、下段にはスニーカーなど、ここは「いざというときのグッズ」を置いておく場所にしましょう。

　また、縦長のロッカーは「吊るす収納」に最適。ハンガーの他、スチール製のロッカーなら**マグネット式のフックを取りつけることで、吊るす収納を増やせます**。たとえば、側面やトビラ裏にフックをつけ、折り畳み傘などを吊るしておくことも。

　また、パイプにハンガーだけでなく、**S字フックをつけることでも「吊るす収納」を増やすことが可能**に。これなら、重量感のあるバッグなども吊るしておくことができます。このように**「吊るす収納」をフル活用することが、ロッカー整理のポイント**です。

! ロッカーの上段にはマイ非常用グッズを入れておくと安心。数年間保存できる缶詰やペットボトルの水など。ただし、賞味期限切れには注意。

! **フックを活用して「吊るす収納」を**
フックは元からついているものに加えて、マグネット式のフックを新たに増やしてもいい。折り畳み傘や紐のついたポーチ、布バッグなど軽くて小さいものを吊るすのに適している。強力なマグネットならバッグを吊るすことも可能。

ロッカー整理のポイント

いくら1人ひとりに割り当てられているといっても、ロッカーにものをパンパンに詰め込むのはNG。ポイントは「吊るす収納」。ハンガーの他、S字フック、マグネット式フックなどを活用し、スペースを有効活用しよう。

! 下の棚が使いにくい場合はトレイや浅い箱を利用。

! ロッカーの下にはスニーカーなど履きやすい靴を。女性は特に緊急時に役立つ。ずっと置きっぱなしではなく、たまには昼休みなどに履いてならしておこう。

»NG

1. ずっと置きっぱなしの不要品が多数
2. 置き場のないものの一時置き場になりがち
3. ものが多く、ロッカーの上まで占拠

»OK

1. 「吊るす収納」でスッキリすぐ見える・取れる収納
2. 非常用グッズを置いておくスペースに
3. パイプもS字フックでさらに便利に

PART 1 デスクの整理

＊私の整理術 1　整理の心得編

ここでは、読者の皆様からうかがった「整理のコツ」をご紹介します。

としさん
何か買ったら、1つか2つ捨てる。

津江康太さん
当日にすべて処理する。

まささん
整理のコツは、出したら元の場所に戻すのが鉄則だと思っています。そうは言っても新たなモノは増えるので、毎週月曜日に整理をしています。

福来る娘さん
「いるもの」と「いらないもの」と、「すぐ使わないもの」に分ける。

たまさん
置き場所を決めたうえで、より美しい置き方がないか、立ち止まって考えてみる。

浄土川さん
いらないものが目に留まったら捨てる。いるものはスクラップブックに。

季東将司さん
整理のコツは自分だけでやらないことです。細かい整理・整頓でも日頃きちんと自分でやり、部下にも押しつけにならない指導を行えば、次第に「整理できてない環境」に部下が落ち着かなくなります。

澤田貴裕さん
同じ課のメンバーと話し合い、書類に保存期限を設け、期限を過ぎたものについては破棄していく。

たろうさん
置き場所を決めたら、必ず元に戻す。人が使っても自分が戻す。

PART 2

書類・PCの整理

オフィスの整理に関して一番悩んでいる人が多いのは「書類の管理」。日々、どんどん増え続け、いつのまにか机の上に山積みになりがちです。ここで大事なのは「ルール化」。書類が発生したらどのように処理し、どんな状態になったら廃棄するのか。それが自然と、ストレスなくできる流れを作ることを目指しましょう。

■ 書類整理の基本

「インデックス」の活用で、必要な書類を瞬時に見つけ出す

外から見て「中身が一目瞭然」であることが重要

なぜ、必要な書類が必要なときに出てこないのか。その理由は「どこに何があるのかわからないから」。当然と言えば当然の話ですが、意外とできていないオフィスは多いもの。

そこで意識したいのが **「すべてにインデックスをつける」** こと。つまり、中身についてのラベルを貼るということです。

ファイルなら背の部分に内容を書いたうえで、必要に応じて中にも「インデックスシール」をつけると、ぐっと必要なものが見つけやすくなります。

また、薄い書類はクリアホルダーで保管する人も多いと思いますが、クリアホルダーには背表紙がないので、横から見た際に何の書類かがわからないという弱点があります。ここでもインデックスシールを使うことで、ファイルの中身が一目瞭然です。

インデックスは書類に限りません。**引き出しやケース、棚にも、そこに何が入っているのかを明記しておくと便利**。ちなみに家庭においても有効な方法です（p93 参照）。

最初から書き込めるタイプの引き出しもあるし、「テプラ」などでシールを作ってしまうのもいい。

ファイル

背に書き込むタイプやラベルを挿入するタイプなどいろいろあるが、重要なのは「ひと目で何が入っているかがわかること」。「書類等」などでは、何が入っているのかわからない。「処理済みの注文書」「発表会用の参考資料」など、具体的な内容を書き込もう。さらに、「日付」を入れるといい。

! 日付はマスト
たとえば「展示会の資料」なら、「2018/9/15展示会資料」など、使用した日付を。控えとして取っておくべき資料なら、「2019年4月〜」などと書いておき、いっぱいになったら終わりの日付を書き込むといい。

!「その他ファイル」もあり
どう分類するか迷う書類は「その他」のファイルを設けておくと便利。とりあえずそこに入れておき、一定のスパンで見直すようにしよう。

クリアホルダー

! クリアホルダーにシールを貼る他、最初からインデックスつきのクリアホルダーもある。

クリアホルダーのインデックス化の方法として最も一般的なのは、インデックスシールをつけること。これなら立てて保管しても、ひと目でどこに何があるかがわかる。

社内の決裁用書類を入れて提出するなど、定期的に使うものに関しては、クリアホルダーに直接書き込んだり、ラベルを貼りつけてしまうのも手。「部長行き」「経理行き」などとラベルを貼って書類を入れておき、定期的にクリアホルダーごと提出、などという使い方がお勧めだ。

厳密にはインデックスではないが、クリアホルダーの「色分け」もお勧め。今すぐ処理すべき書類は赤、参考資料は青、取引先に持っていく資料は緑、などと決めておけば、素早く必要な書類を手にできる。

COLUMN

! 多くの人が実践するクリアホルダーのワザ

読者の方々から寄せられたクリアホルダー活用術で多かったのが、「少し大きめの付箋の裏側（のりのついている側）に案件名を書き、それをクリアホルダーの内側に貼る」というもの。外側に貼るとはがれてしまう危険があるが、内側ならその心配もなく、そのクリアホルダーに何が入っているかがひと目でわかる。再利用も容易だ。

PART 2 書類・PCの整理

■ ファイリングのコツ

「1案件1クリアホルダー」で進捗度により書類を移動させていこう

●教えてくれた人：桃山透さん（T&Eネットワーク主宰）

ファイリングには「ルール」がある

　書類のファイリングが下手な人を見ると、ほとんどの人が「手元にある書類が多すぎる」という問題を抱えています。しかも、その書類のうち8〜9割がパソコンに入っていれば十分で、実は紙で持っておく必要がないケースすらも。

　まずはこうした紙で持っておく必要のない書類を捨てることが、ファイリングのスタートです。

　そもそも、どんな書類を紙で保管しておくべきかと言えば、1つは **紙のほうが使いやすい書類**、もう1つは **紙でしか存在しない書類** です。ただ、後者の場合、スキャンしてパソコンに保存すればいいケースも多いはずです。

　それでも紙で残すべきとなった資料をファイリングしていくわけですが、そのスタートは「時間軸」と「重要度」で分類すること。

机の上に置いておいてよいのは、「緊急性があって重要な書類」のみ。これらは案件ごとにクリアホルダーに入れ、机の上に立てて置いておきましょう。

　一方、それほど重要でも緊急でもない資料は、引き出しに入れておくことになります。その際は、A4の横置き

ファイリングの黄金ルール

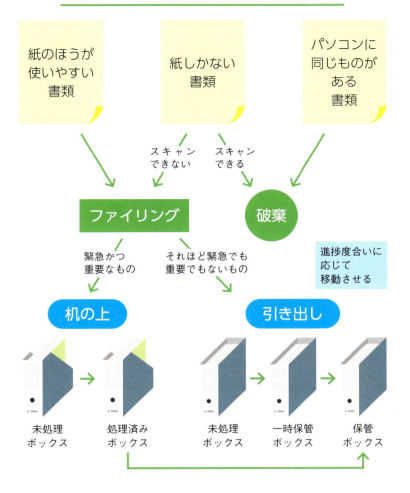

ファイルボックスが便利です。
　そして、上の図にあるように、仕事の進捗度合いに応じてファイルを移動させていくことで、書類を溜め込むことなく、必要な書類をすぐに見つけ出せる仕組みを作ることが可能になります。
　そのためのより具体的な工夫については、次ページ以降にてご紹介していきたいと思います。

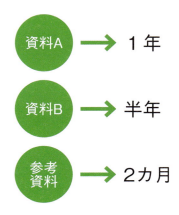

★「1年で破棄」などルールを作り、それに従って処理

書類を分類する際、必ず出てくるのが「迷う書類」。これを防ぐためには、あらかじめ捨てるルールを決めておくとよい。たとえば「パソコンにデータがある書類は捨てる」「1年以上使用しなかった書類は捨てる」など。
このルールは自分で、あるいは部署ごとに決めればいいが、会社に保管期限のルールがあるならそれに従う。ルール自体も定期的に見直すようにしよう。

★デスクの上にはファイルボックス2つだけ

デスクの上に残すべきは「緊急性」があり、「重要な」書類だけ。こうした資料は案件ごとにクリアホルダーに収め、「未処理」と「処理済み」に分けた2つの「縦置きのファイルボックス」に入れておこう。自分の作業状況がひと目でわかる。処理済みのファイルは、区切りのよいところで引き出しに移動しよう。
ファイルボックスは右利きならデスク右に、左利きならデスク左に。

机の上には「未処理」と「処理済み」の2つのボックスだけ。

クリアホルダーに入れたうえで、立てて保管。

★書類は必ず「縦置き」に。厚手のクリアホルダーも活用

デスクの上に置く書類はすべて「縦置き」にするのが基本。書類がうずたかく積まれたデスクをよく見かけるが、書類を横に積み上げてしまうと、必要な資料がすぐに取り出せなくなってしまう。
そのためにも前述の縦置きファイルボックスが役立つのだが、それでも書類がたわんで扱いにくい場合、厚めのクリアホルダーを使うのも手だ。たわみが少なく立てて置きやすい。

★見出しや色で、
　ひと目でわかるように

クリアホルダーにひと工夫加えると、さらに便利に。たとえばラベルをつければ、何の書類かがひと目でわかる。手書きでもいいが、ラベルライターを使うと見栄えもよい。

また、色つきのクリアホルダーを用意し、「緊急の書類は赤のホルダー」「提出用の書類は青のホルダー」などと使い分ける手も。さらに、書類を留めるゼムクリップも色分けし、間違えないよう徹底するという方法も。

★引き出しの下段には３つの
　横置きファイルボックスを

緊急性や重要度が低い書類は、やはり案件ごとにクリアホルダーに入れ、デスクの引き出しに。当初は机の上に置いておくべきと判断した書類も、仕事の進捗に応じて定期的に見直し、引き出しに収納しよう。

その際に役立つのはＡ４横置きのファイルボックス。手前から「未処理」「一時保管」「保管」と分類し、こちらも仕事の進捗に応じてクリアホルダーを移動させていくのだ。

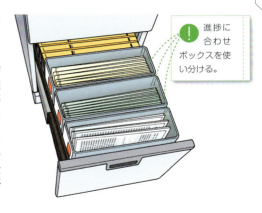

! 進捗に合わせボックスを使い分ける。

★「バッグ・イン・バッグ」
　でスマートに書類を出す

書類を外に持ち出す際にも、クリアホルダーは役に立つ。一度に多くの得意先を回る際などは、色分けされたクリアホルダーを使うことで、瞬時に取り出すことができるはず。

また、バッグの中に小さなバッグ、いわゆる「バッグ・イン・バッグ」を入れ、ファイルおよび必要な文房具や小物を収納しておくとさらに便利。取引先に着いたら、このバッグをそのまま取り出せばいい。

PART 2　書類・ＰＣの整理

■ デスクトップの整理 1

ファイル名のルール化で「あの書類、どこに行った？」を解消する

フォルダ分けは「レベルを揃える」

「ものを探す時間」と並んで、仕事において最もムダな時間の1つが、「パソコン上でファイルを探す時間」。仕事のほとんどがパソコン上で行われている昨今、むしろこちらのムダな時間のほうが長い、という人もいるかもしれません。

よく見かけるのが、「デスクトップいっぱいにファイルがあふれている」状態。あちこちに散らばったファイルから目的のものを探すだけで一苦労。そこで「フォルダ分け」をすることで整理・分類を進めていくのですが、よくあるのが、**「フォルダのレベルが揃っていない」という問題**です。

デスクトップ上に、「A社」「B社」などと会社ごとのフォルダがある一方、それとは別に「見積書」「企画書」などというフォルダがあると、「A社の見積書」はどちらに入るのかわからなくなります。第1階層を会社名にするならば、デスクトップ上に置くべきはあくまで会社名に。そして、その下に「見積書」「企画書」のフォルダを作りましょう。

ファイル名に「日付」を入れよう

もう1つ、基本中の基本とも言えるのが「ファイル名のルールを

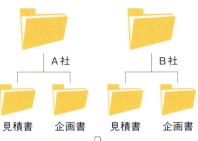

これだと「A社の見積書」をどちらに入れるべきかわからない……。

収納場所で迷うことがないので、後で探す際にも便利。

ファイル名のルール

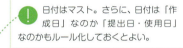

A社見積書20190405

> 日付はマスト。さらに、日付は「作成日」なのか「提出日・使用日」なのかもルール化しておくとよい。

社名が先か書類名が先か、あるいは日付が先かなどは自分のやりやすいルールで。その他、バージョン名（vol2 など）を加えたり、チームでの仕事なら作成者名を加えてもいい。

統一する」こと。「A社見積書」「見積もり（A社）」などとバラバラだと、検索も難しくなってしまいます。

　お勧めは、**ファイル名に「日付」を入れること**。日付があれば、たとえば手帳と照らし合わせ「あの頃に作った書類のはず」というヒントから、目的の書類を検索して見つけ出すことも可能になるからです。たとえば「A社（社名）見積書（書類名）20190405（日付）」の順にするようルール化するといいでしょう。

　パソコン上でも最終更新日が表示されますが、上書きされると日付が変わってしまいます。

■ デスクトップの整理2

お勧めは「時系列で管理」。検索をフル活用し手間をかけずにPC整理を

厳密なフォルダ分けはもはや不要？

「フォルダ分けによる整理」はファイル整理の基本ではありますが、最近ではむしろ **「それほど厳密にフォルダ分けをする必要はない」** という人が増えています。

　その理由は「検索」。検索することで必要なファイルが呼び出せるなら、わざわざ厳密にフォルダ分けするのは時間のムダだ、ということ。確かにその通りで、検索を前提とすると、ファイルの整理にかかる時間は最低限で済みます（そのうえで、どうフォルダ分けをするか。右ページに一例をあげておきます）。

　ただし、そのためには前項で解説した「ファイル名のルール」を厳密に適用することが不可欠です。少しでもルールから外れてしまうと、検索に引っかからなくなってしまうからです。

　あるいは、ある程度のフォルダ分けはするけれども、ファイルを **探す際には検索機能を使うほうが速い** 場合も多いでしょう。ちなみにWindowsなら「ＣＴＲＬ＋Ｆ」のショートカットで検索機能が使えます。

　さらに、この「ファイル名のルール」を部署内や社内で統一しておくと、もらったファイルの名前をいちいち変える必要もなくなり、会社全体、部署全体の効率化にもつながります。生産性向上は、意外とこんなことが大きな効果を発揮するものです。

検索前提の「シンプルな」フォルダ分け(一例)

進行中の仕事

済んだ仕事は

終了した仕事

迷うものは

その他

今、行っている仕事のファイルはすべて「進行中の仕事」フォルダへ。A社の仕事をする際は、フォルダ内を「A社」で検索すれば、A社関連のファイルがすぐに出てくる。済んだ仕事は「終了した仕事」フォルダへ。どこに入れるか迷うものは、その迷う時間がもったいないので、「その他」フォルダを設けておくといい。

更新日時がわかるだけでも、ファイルを探すヒントが増える

一覧表示にするだけでかなり違う

パソコン上のファイル探しに苦労する人は、画面上の表示を「アイコン」にしているケースが多い。見やすいようで、ファイル名よりアイコンが目立つので、かえって探しにくい。これを「一覧」にするだけでかなり見やすくなるはず。さらに「詳細」にすると更新日時も把握できるので、より検索性が増す。

「並べ替え」機能を活用

フォルダ内で右クリックすると出てくる「並べ替え」で、「更新日時」にすると、常に直近で使ったファイルが上に出てくるようになる。仕事でよく使うファイルほど何度も更新されるため、上に出てくるので便利。「まずは上のほうにあるファイルをチェック→見つからなかったら検索」とすれば、ファイル探しの時間はより効率化される。

「並べ替え」で「更新日時」を選ぶ。

COLUMN

! 過去のメール検索は「Gメール」

「あのとき、A社に送った資料を見たい」などというケースも多いはず。その際はメールを検索することになるが、その機能が圧倒的に優れているのが「Gメール」。会社で決められたメールソフトがある場合、Gメールに転送するのもいい(ただし、会社の許可が必要なケースが多い)。

■デジタルツールの活用・予定編

日々進化するツールやアプリを活用すれば、重い資料も手帳も不要！

●教えてくれた人：佐々木正悟さん（心理学ジャーナリスト）

ペンも手帳も不要な時代に？

　日々進化するデジタルツールを活用すれば、紙の資料はおろか紙の手帳すら不要になります。実際、私もスケジュール管理からタスク管理まで、すべてデジタルで行っています。具体的には、**「Googleカレンダー」** でスケジュールを、**「Ｔｏｄｏｉｓｔ」** で日々のタスクを管理しており、今ではペンさえほとんど手にしません。

　デジタルの利点はなんといっても「検索性」です。必要な書類やデータ、スケジュールまで、瞬時に検索して見つけることが可能。検索速度や操作感覚もここ数年で大幅に向上しています。中でも、**すべての情報をクラウド上で管理できるというのは大きな利点**です。

　サービス同士を連携させるとさらに便利に。たとえば私はGoogleカレンダーとＴｏｄｏｉｓｔを連携させているので、それぞれに入力した情報が即座にもう一方へ反映されます。

　さらに、書き込んだタスクをプロジェクトごとにカテゴリー分けし、**「Ｅｖｅｒｎｏｔｅ」** 上に同じカテゴリー分けをしたフォルダを作っています。Ｅｖｅｒｎｏｔｅはテキストはもちろん、画像や動画、ｐｄｆなどあらゆる形式のファイルを取り込めるツール。その案件に関する領収証や請求書、当日の仕事の資料やセミナー参加者のリストなどを入れておくことで、スケジュールやタスクに関する情報をすべてクラウド上で管理できるのです。

Googleカレンダー

長期的な予定は
Googleカレンダーで

最も有名なスケジュール管理ツール。いろいろな機能がありますが、私が活用しているのは予定の色分け。打ち合わせなど時刻が決まっていて動かせない予定は赤で、原稿の執筆など時間をずらすことが可能な予定は黄色、食事などの日常生活に関する予定は緑で入力することで、自分のスケジュールを俯瞰することが可能になります。

Todoist

連動

今日のタスクは
Todoistで

タスク管理アプリもいろいろありますが、Todoistの特徴は、Googleカレンダーと双方向で連動できること。多くのタスク管理アプリは一方通行なのです。長いスパンで予定を概観するときはGoogleカレンダー、今日1日の予定の確認はTodoistというように使い分けています。

PART 2　書類・PCの整理

Evernote

予定やタスクに関する情報は
Evernoteで

あらゆる形式のデータを保存できる便利な情報蓄積ツール。私はTodoistと同じ名前のカテゴリーをEvernote上に作り、関連する情報を取り込むようにしています。これにより、かさばる紙の資料などを持ち歩く必要もなくなります。
アイデア出しなどに使われるイメージの強いEvernoteですが、こうした使い方もできるのです。

ヒント

Todoistで意外と便利なのが「タスクの計測機能」。自分はどんなタスクにどのくらいの時間を割いているかがわかり、仕事効率化のヒントになります。

■デジタルツールの活用・アウトプット編

良質なアイデアを生み出す！「脳を刺激する」革新的なツールとは？

●教えてくれた人：佐々木正悟さん

「タグ機能」はこんなにすごい！

　最近「アウトプット」の重要性がよく言われていますが、良質なアウトプットにはもちろん、良質なインプットが不可欠です。インプットという意味ではやはり、Evernoteが便利です。あらゆる形式の情報を取り込め、操作も非常に簡単。たいていのブラウザからクリック1つでウェブページを共有することもできます。

　一方、私が最近、インプットとアウトプット双方に愛用しているのが**「Scrapbox」**です。特筆すべきは「タグ機能」。入力したテキストから特定の文字列を指定してワンクリックすると、その文字列を「タグ」にすることができます。すると、そのタグと同じ語が含まれる文章が自動的に抽出されるのです。

　関連性のある情報を分類し整理するツールがEvernoteだとすると、関連があろうとなかろうと、同じ語が含まれている情報を一覧できるのがScrapbox。**自分でも意図しなかった情報同士の一致や思考のつながりが発見でき、脳が刺激される**のです。

　これは私のような執筆業の人間にはもちろん、企画立案や商品開発など、さまざまな職種の人に役立つはず。営業職の人が顧客の名前や職種などをタグづけするのも面白い使い方でしょう。

　デジタルツールは日々、進化しています。今後、思考や発想をサポートしてくれるようなツールもさらに充実してくるでしょう。

インプット

Evernote

やはりその「情報取り込み力」は魅力

あくまで「分類」するという、アナログ発想での情報整理法ではありますが、インプットにおいてEvernoteの右に出るものはありません。
ちなみに、「FastEver2」というEvernote専用のiPhoneアプリがあるのですが、これを使うと細かなメモをスマホからEvernoteに送る際にとても便利です。

Scrapbox

発想すら広げてくれる注目のツール

今、ライフハックの世界で非常に注目されているツールです。セミナーを開くと即満員になるほどです。
Evernoteの仕組みは従来のファイリングと同じ「分類」ですが、Scrapboxのタグづけはそうではありません。同じキーワードにより抽出された文章を眺めることで、連想が広がっていくのです。

アウトプット

Dynalist

文章の作成はもちろん、タスクの管理まで

私のような執筆業に携わる人にとって便利なのが「アウトライナー」です。これは箇条書きで入力するタイプのテキストエディタで、文章を階層化して書くことができるため、本の章立てや構成を作るのに役立つのです。中でもこのDynalistは、チェックボックスを入れられたり、期日を入力するとその日にハイライトされる機能があったりと、タスク管理やプロジェクト管理にも使える便利なツール。音声入力に対応しているのも魅力です。

＊私の整理術 2　　情報・書類編

トトクンさん

情報は1冊のノートにまとめるようにしている。複数のノートは使用しない。

ta2papa さん

書類は自分の引き出しに収まる分だけ保管し、キャビネットには移さず、常に処分するものを選別する。

吉見満雄さん

処理すべき案件を今日・明日・今週中・今月中・〇月中と時系列で区分して、順に並べて置く。

匿名希望

ＤＭや書類、手紙などの紙は受け取ったその日のうちに分類し、期限など覚え書きを付箋でメモし、処理する。

鎌田祐実子さん

仕事のマニュアルは1つの共有のフォルダにまとめて入れ、誰でも見られるようにしておく。書式も統一しておく。

佐藤浩郎さん

本・雑誌などで一度読んで気になったところは付箋を貼っておき、読み終わったらもう一度そこだけ読み返す。再度有用と思えば残しておくが、さほどでもない場合は本・雑誌は残さない。

たはしひろたかさん

同じ係の共有フォルダに格納するデータについて、検索しやすいよう、フォルダ名・ファイル名のルール化（日付（例・310430）＋案件）を徹底している。

藤生氏さん

ＤＭは中身をすぐ見て、いらなければ即廃棄。溜めておいても、1カ月以上見なければ廃棄する。

小栗光俊さん

デスクトップ上のファイルは5つまでとする。

PART 3

情報の整理

メモやノート、手帳は、ビジネスパーソンにとって最も基本的なツール。それにもかかわらず、意外と「使い方をしっかりと習ったことのある人」は少ないのではないでしょうか。
このPART3では、これらのツールの基本的な使い方をもう一度おさらいするとともに、達人たちが実践しているユニークな使い方を紹介していきます。

■ メモ・ノートの基本

後で見返す「ほんのひと手間」が、メモを最大限に活かすコツ

付箋やA4ノートの活用も

ビジネスパーソンが毎日のように使っている「メモ」「ノート」ですが、本当にちゃんと活用できている人は意外と少ないのではないでしょうか。その結果、机の上には複数のノートや正体不明のメモが散乱……ということに。**メモやノートの整理と活用は、デスクの整理にも情報の整理にも不可欠**なのです。

取ったメモやノートはそのままにせず、後で必ず見直すクセを。急いで取ったメモには必ず不備があるはず。それを書き足したり修正したりしたうえで、必要な情報は整理して別のノート、あるいはパソコンに。このひと手間を取れるかどうかが重要なのです。

その際、メモとして意外と役立つのが、7cm四方くらいの「スクエア型の付箋」。メモとして使った後、それをそのままノートに貼りつけたりと、フレキシブルに使えるからです。

一方、いわゆる大学ノートの他、あると便利なのがB4などの大型ノート。サイズが大きく広く使えるため、アイデア出しの際などに便利です。

メモ・ノートの基本ルール

要点をメモし、後で補足する

いわゆる「5W1H」を意識して、要点だけをメモ。相手の言ったことをそのまますべてメモするのでは、時間がいくらあっても足りない。さらに、後で見直して書き忘れや疑問点を洗い出す。

「A社の担当者はいつもコストを重視するので、コストの計算をしっかり行った見積書を明日夕方までに用意してほしい」

↓

A社担当者　コスト重視
計算しっかり　見積書明日夕方

! さらに見直して追記。たとえばこの場合なら「夕方とはいつのことか」があいまいなので、改めて確認する必要がある。

日付は必ず入れる

メモにしてもノートにしても、必ず日付を入れるようにしておく。後で振り返る際に便利なのはもちろん、何かの変更があった際「この情報はいつ聞いた話だったのか」が重要になる場合があるからだ。
書き終えたノートを保管する際も、日付別に並べておくのが一番わかりやすいだろう。

略記号を使うと便利

人から話を聞く際など、短時間で素早く書くことが求められる。そんなときは略記号を使うと便利。自分で勝手に作ってしまってもいい。

㊤ 予算　　Ⓐ アポイント
㊑ 企画書　× 不要

COLUMN

! どんなノートを使うか？

どんなノートを使うかはもちろん自由だが、取材をすると必ずと言っていいほどその名前が上がるのが「ロディア」のメモと、「モレスキン」のノート。どちらもファンが多い一品だ。その特徴は「書きやすさ」。土台がしっかりしているので安定感があり、紙も滑らかで書きやすい。一度試してみては？

■ メモ・ノートの活用法

うっかりミスが激減する！達人が実践する７つの「すごいメモ術」

●教えてくれた人：**坂戸健司**さん（ビジネスプランナー）

正しいメモは、仕事の成果に直結する

　多くのビジネスパーソンは、相手の話を聞いている「形だけ」でメモを取っていることが多く、使いこなしている人は意外と少ないのが現実です。それは非常にもったいない。正しいメモの取り方を知っていれば、仕事のミスは減り、成果も上がります。

　ここで紹介するテクニックを用いて、ぜひ、あなたのメモやノートを「本当に仕事に役立つツール」にしていただければと思います。

ルール❶　ノートに「定位置」を作っておく

　面会が終わった後、「あれも聞いておけばよかった……」と後悔しても後の祭り。こうしたミスを防ぐには、事前に「何をどこに書くか」のルールを決めておくことです。私は、ノートの左ページには相手から聞いたこと、右ページに自分の気づいたことを書くというルールを徹底しています。

　さらに左ページには５Ｗ２Ｈ「いつまでに、どこで、誰が、何を、どうして、どのように、いくらで」をあらかじめ作っておき、話を聞きながら埋めていきます。

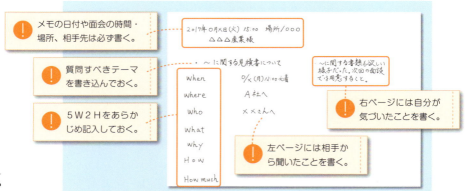

ルール❷ 「カルテメモ」で相手を記録

何度通ってもニーズが読めない……そんな相手に対しては「カルテメモ」が役に立ちます。医者になったような気分で、クライアントの性格や言動、思考パターンなどを継続して記録し続けるのです。これを繰り返していくうちに、その人の思考や行動のパターンが必ず見えてくるはずです。

たとえば「○○さんは、体育会系の行動派。ただし、発言内容がコロコロ変わる傾向があるので注意。しっかりと言質を取ってから行動すること」などと記入していきます。

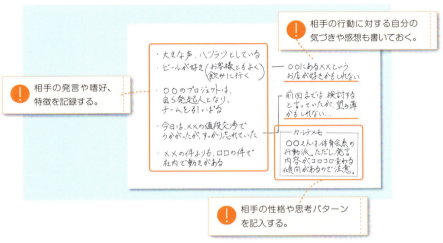

ルール❸ メモは必ず追記せよ

話を聞きながらメモすると、キーワードばかりのメモになりがちです。これをそのまま放置すると、後で内容がわからなくなることも。

そこで、面談が終わった直後の記憶が鮮明なうちに、メモに「追記」するクセをつけましょう。たとえば「打プレ資＋2　8／1　15時」というメモなら「月末の打ち合わせで必要なプレゼン資料は7名分（本日の出席者に2名追加）。8月1日15時までに送付すること」などと追記。もちろん、メモし忘れたことも書き込みます。

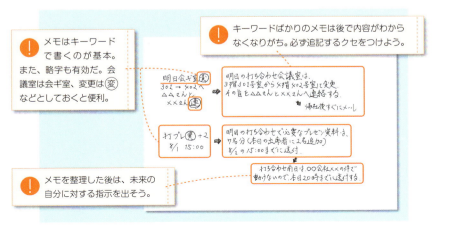

ルール ❹　3色ボールペンで「メリハリ」をつける

　メモのポイントがわからず、本当に重要な情報を逃してしまうといったミスを防ぐには、情報に「差をつける」ことが大切。私は3色ボールペンを使って内容を書き分けています。基本的な内容は黒で記入し、気づきやアイデアは青、決定事項や注意すべきことは赤といった具合です。

　この作業はメモをしながらでもいいですが、余裕がない場合は追記の際に行えばいいでしょう。

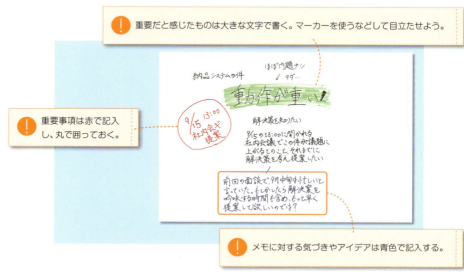

- 重要だと感じたものは大きな文字で書く。マーカーを使うなどして目立たせよう。
- 重要事項は赤で記入し、丸で囲っておく。
- メモに対する気づきやアイデアは青色で記入する。

ルール ❺　「ミスノート」を作ろう

　ミスをするのは仕方がないとして、同じミスを何度も繰り返すと、「仕事を覚える気がない」と見なされてしまうことも。

　そこでお勧めしたいのが「ミスノート」。専用のノートなどを用意して、そこにミスを記録しておき、折に触れて見返すのです。時間を置いて見返すと、ミスの原因を客観的に分析でき、ミスをした時点では気づかなかった改善点を洗い出せるからです。

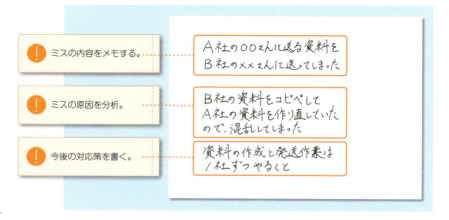

- ミスの内容をメモする。
- ミスの原因を分析。
- 今後の対応策を書く。

ルール❻ 「シナリオメモ」で会話を再現

　私は言葉以外の相手の表情やしぐさ、空気感などもどんどんメモしています。面談場所の様子や座った位置などをイラスト化するのもいいでしょう。
　これがなんの役に立つかというと、言葉だけでは捉えきれない微妙なニュアンスを再現できるのです。すると、そのときは気づかなかったこと、たとえば「あの話には結構乗り気だったな」「検討すると言っていたけど望み薄だな……」といったことが見えてくるのです。これを私は「シナリオメモ」と呼んでいます。

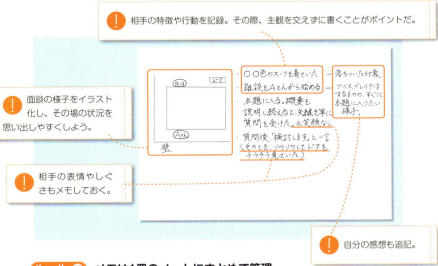

- 相手の特徴や行動を記録。その際、主観を交えずに書くことがポイントだ。
- 面談の様子をイラスト化し、その場の状況を思い出しやすくしよう。
- 相手の表情やしぐさもメモしておく。
- 自分の感想も追記。

ルール❼ メモは1冊のノートにまとめて管理

　メモは読み返してこそ意味があります。ただ、メモはすぐになくしがち。そこで私がお勧めしたいのは、大学ノートを1冊用意して、そこにメモや付箋などを貼りつけていくという方法です。
　テーマごとにノートを用意すると使い分けが面倒なので、日付ごと、時系列ごとに貼りつけていくのがいいでしょう。ここには重要なメモだけでなく、ちょっとした用事や自分宛ての備忘録なども貼りつけておくのがお勧め。

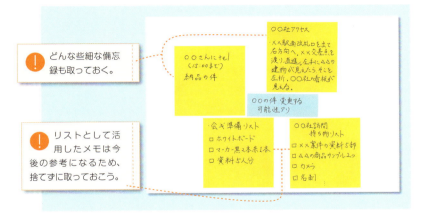

- どんな些細な備忘録も取っておく。
- リストとして活用したメモは今後の参考になるため、捨てずに取っておこう。

■ 手帳の使い方

「予定を配置する」発想で、仕事の生産性は圧倒的に向上する

目的は「自分の時間の俯瞰」

　手帳の主な用途は「時間管理」。そして実は、ここまで説明してきた「整理術」の考え方は、時間管理に応用できます。それは「時間の場所を決める」という発想。スケジューリングのコツは、**ものの置き場所を決めるように、仕事の場所を決めること**だからです。

　まずは、デスクの整理の際に持ち物をすべて机の上に出したように、自分の持っている時間をすべて、俯瞰できるようにする。それが時間管理の第一歩です。

　手帳には、会議やアポイントなどの「開始時間」しか書き込まない人もいますが、それでは、「自分の時間がどのくらいあるのか」を俯瞰できません。そこで、時間の目盛のついた「バーチカル式」の手帳を使い、仮でもいいので「かかるであろう時間」を予測し、その時間を埋めてしまうのです。

　すると、自分の時間を俯瞰できるようになり、空き時間が見えてきます。アポなどの予定だけでなく、企画書作成や残務処理などの作業時間も書き込みます。

　そして、**1日の終わりに予定通りに仕事が終わったかを検証します**。もし、1時間を予定していた企画書作りに3時間かかったとしたら、次回からは3時間を見積もっておきます。こうして予測の精度を上げていけば、正確な予定が立てられるようになるのです。

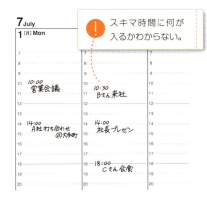

「開始時間」だけだと不便

多くの人は手帳に「予定の開始時間」だけを書き込んでいる。だが、これではその予定がいつ終わるのか、つまり自分の時間がどのくらい拘束されるのかがわからない。これでは正確な時間管理は難しい。

必要な時間を「枠で囲む」

予定される拘束時間を枠で囲んでみる。1時間ほどかかりそうな会議なら、開始時間から1時間を枠で囲む。こうすると、本当に空いている時間が見えてくる。出張の際は移動時間も囲むこと。

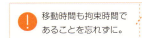

色分けすると俯瞰できる

さらに、色分けすることで直観的な予定の把握が可能。たとえばアポイントを赤、社内会議を青などと分けることで「今月は赤が少ない。もう少し外に出なければ」などの課題が見えてくる。

予定通りだったかを検証

実は一番大事なのがこのステップ。1日の終わりに手帳に書き込んだ予定と実際の結果を照らし合わせることで、「その作業に本当にかかる時間」が見えてくる。すると、見積もりの精度も上がっていくのだ。

■付箋活用術1

頭の中のモヤモヤを、付箋にすべて書き出して整理しよう

●教えてくれた人：**平本あきお**さん（講師／講演家／メンタルコーチ）

「思考の整理」には付箋が最適

　メモやリマインドなど、さまざまな活用法がある「付箋」ですが、思考を整理するという意味でも最強のツールです。貼って、はがし、動かせるという特徴を活用することで、不完全なアイデアに新たな視点や価値観を見出すことができるのです。

　具体的にはまず、==頭の中にあるモヤモヤした思考をすべて、付箋に書き出します==。仕事上の課題から将来の夢、あるいは今日帰りに買って帰るべきものまで、重要度も時間軸もバラバラで構いません。人の頭の中には常に、一度にさまざまなチャンク（情報のまとまり）が思い浮かんでいるもの。それらをすべて書き出します。

　そのうえで、付箋をジャンルごとに分類し、それぞれA4の紙1枚に集約します。こうすることで思考が整理されるとともに、==自分でも気がつかなかった意外な共通点や課題が見えてくる==のです。

　中には、「イビサ島へ行きたい」といった希望や、本で読んだ印象的な名言など、分類できない情報もあるでしょう。私はそれらを「気づきノート」というノートに貼り、定期的に見直しています。こうした過去のアイデアが貴重な情報源になることがあるからです。

　使う付箋はどんなものでも構いませんが、文字が見やすいよう、淡い色のほうがいいでしょう。ただ、色は統一せずにあえてバラバラの付箋を使うほうが、脳が刺激されるという効果があります。

付箋を使って思考のモヤモヤを解決！

付箋はケースに入れて持ち歩く
思いついたことをすぐに付箋に書くために、付箋は常に持ち歩きましょう。ただし、付箋は小さいので他のものに紛れがちで、好みのタイプの付箋がすぐには見つからないことも。そこで私は付箋一式を小さな袋に入れ、いつも持ち歩くようにしています。

■ 付箋活用術2

「付箋会議」で
チームや家族の課題も
スッキリ解決！

●教えてくれた人：**平本あきお**さん

「ダラダラ会議」が一変する！

　付箋を使った思考整理と問題解決は、複数の人（チームや家族）の間でも大いに役立ちます。たとえば、セミナーを開催するに当たって準備すべきことを、チームメンバー同士で話し合う場合などです。

　まずはメンバー全員がそれぞれ、思いついたことを付箋に書き出します。そして、付箋を集めホワイトボードにすべて貼り出します。

　貼り出されたアイデアはおそらく「アナウンス原稿用意」「ホワイトボード用意」「集客ノウハウ確立」など、分野も階層もバラバラなはず。ですが、実はこの多様性こそが大事なのです。

　通常の会議だと、メンバーの発言は自分の担当分野に偏りがちです。また、いわゆる「声の大きな人」の意見に会議全体が引きずられてしまうことも。これでは部門横断的な自由なアイデアなど、出てくるはずがありません。この==「付箋に書いて出す」という仕組みなら、あらゆる意見をフラットに検討することができる==のです。

　こうして集まったアイデアはカテゴリごとに分類して一覧し、優先順位などを決めていきます。ここでも「簡単に貼ってはがせる」付箋の特徴が最大限に活かされます。カテゴリの移動も並べ替えも極めて容易。はがして貼り直す。たった2秒です。

　会議を短時間でかつ有意義なものにしたいのなら、ぜひ「付箋会議」を試してみてください。

「付箋会議」で問題解決

例 セミナーの開催に際してやるべきこと

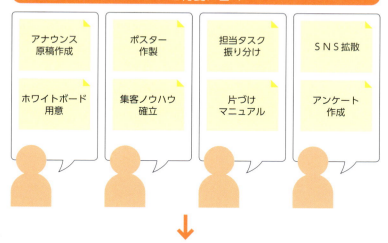

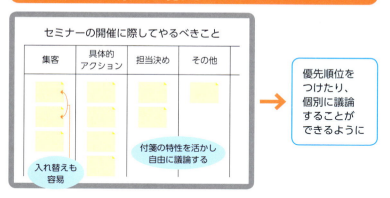

COLUMN

❗ 家族旅行も「付箋」で決める

　この「付箋会議」はプライベートでも役立ちます。たとえば家族旅行の行き先を決める際、「旅行先で何をしたいか」を家族全員が付箋に書き出し、それを集約します。すると、それぞれの譲れないポイントが見えてくるはず。こうすることで、いきなり「どこに行くか」を議論するより、全員のニーズに合った行先が見えてくるはずです。

＊私の整理術 3　　グッズ活用編

kitty2 さん

磁石を活用しています。最近では強力なものが出ており、何かをとめたりする際に跡が残らず、簡単につけ替えも可能です。

まさまささん

レシートや DM など散らかりやすいものは、百均のクリアファイルに一時的に保存しておき、時間があるときにまとめて処理しています。

KaznoB2 さん

情報は 1 つの場所に集約し、すべて「ジブン手帳」で管理している。

池葉丈志さん

書店でつけてもらう紙のカバーをメモとして活用。本の感想を書くとともに、背にタイトルを書いておけば何の本だか一目瞭然。

はたぴーさん

クリアファイルに書類を整理するときは、関係する本の表紙を拡大コピーして最初のページに入れ、中身が何に関する書類かをわかるようにしている。

りゅうけんさん

内容毎にインデックスをつけて、幅の太いファイルに保存。このファイルさえあれば、書類がどこにいったか迷わずにすむ。会議などの際には必要な分だけ取り出して、薄いファイルへ移して持っていく。

文具マニアさん

クリアファイルの中に何が入っているか、付箋の糊の面に書いて、内側に貼っておく。

小畑益彦さん

A4サイズ大の封筒を高さ30cmでカットしたものに資料を入れ、内容がわかるように封筒の端にタイトルを記入し、封筒の横幅高さ（約24cm）に棚を合わせた本棚に収納している。

松下能久さん

45Ｌのポリ袋を活用しています。すぐに捨てられますから。

PART 4

モノの整理

　このPART4では、仕事で使う「モノ」の整理について紹介。中でも「カバン」は大切なビジネスツール。外出先で必要な書類がなかなか取り出せずに困る……という失敗はしたくないもの。
　もう1つは「名刺」の整理。ビジネスにとって最も大事だと言われる「人脈」を広げるためには不可欠なツールですが、意外と管理しきれていない人は多いのでは？

■ カバンの整理

必要なものが
すぐに取り出せる！
ビジネスバッグの整理術

● 教えてくれた人：**草間雅子**さん（美的収納プランナー）

カバンの中の小物類は本当に必要なのかを検証

　ビジネスバッグは、仕事を快適にする〝ポータブル基地〟のようなもの。にもかかわらず、パソコンや書類、手帳、充電ケーブル、各種カードなど、多くのものが雑然と詰め込まれていて、訪問先で必要なものがすぐに取り出せなかったり、たくさん入っているわりに肝心なものを忘れたり……なんてことはありませんか？

　ゴチャゴチャしたカバンは、片づかない家と同じで、==自分が持っているものの量を把握できていないことが最大の原因==。また、仕事用のカバンとして合っていないものを使っている可能性もあります。

　まずは、本当に持ち歩く必要があるものなのかを見極め、それらを使い勝手よくカバンに収められるかを検証すること。その際、①分類する（カテゴリー分けする）、②厳選する、③仮置きする、④器選びをする、⑤本置きする、という5つの手順に沿って実践しましょう。

　それでは、ビジネスバッグの収め方のコツと選び方をご紹介します。ぜひ、自分に合うカバンを見つけてください。

ビジネスバッグ収納の5ステップ

STEP 1　分類する（カテゴリー分けする）

1　平面のもの
書類、パソコン、新聞など

3　それ以外の小物類
充電器、音楽プレイヤー、薬など

2　使用頻度の高い小物類
カギ、財布、スマートフォンなど

いったん、中身をすべて出してみる

まずは、カバンの中からすべてのものを出し、①平面のもの（書類、パソコン、新聞など）、②使用頻度の高い小物類（カギ、財布、名刺入れ、ペン、スマートフォンなど）、③その他の小物類（充電器、音楽プレイヤー、薬、ティッシュなど）に分類。グッズの使用頻度は人によって異なるので、②と③は自分の持ち物を吟味したうえで仕分けを。そして、それぞれポーチやカバンのポケットに収納します。女性はよく使っているポーチですが、男性もどんどん活用しましょう。

STEP 2　厳選する

定位置に戻すから、散らからない

持ち歩くものを厳選するために、帰宅したらカバンの中身をすべて出すことをお勧めします。いったんものを「定位置」に収めてから、翌日必要なものを考え、カバンに戻していくのです。毎日が理想的ですが、難しい場合、週1回、月1回でもカバンの中身を定期的にチェックしましょう。
私の場合は帰宅後に、ジャンル分けした3つのボックスにカバンの中身を収めています。カバンから出して「定位置に戻す」ことがポイントなので、分け方はやりやすいかたちで。STEP1で分類したポーチは、中身を出さずにポーチごと定位置に戻せばOKです。

STEP 3 仮置きする

> ! 真ん中にパソコンや書類などを入れる。

> ! ポケットにはスマートフォンなどよく使うものを入れる。

「真ん中」が決まると安定する

「仮置き」とは、バッグへの入れ方。ポイントはすべて立てて入れることと定位置を決めること。まず、真ん中にSTEP1で分類した平面のもの（パソコンなど）を入れて仕切り替わりに。そして、カバンのポケットに使用頻度の高い小さなもの（スマートフォン、カギなど）を入れ、平面のものを挟んだ反対側にポーチや財布などを入れます。立てることで上からすぐに見えるのでワンアクションで取り出せます。また、ペンや定期入れなどは、ポケットに定位置を作るとなくすのを防げます。

> ! ポーチは立てて入れる。

STEP 4 器選びをする

そもそも本当にそのカバンでOK？

これらの手順で収納してもダメなら、それはカバンやポーチが合っていない可能性大。ポイントは、男女ともにA4サイズが入り、軽めの素材で、底がしっかりして自立するもの。なお、女性向けのカバンは男性に比べ多種多様。柔らかい素材やマチが広すぎるものを選んでしまうと、中身がゴチャゴチャになりがちなので要注意。

ポーチも同様。柔らかい素材のものは立てて入れると形が崩れてしまうので、なるべく硬めのものを。100円ショップなどのクリアなタイプは、中身が見えるのでお勧めです。

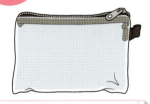

> ! 100円ショップのポーチは使い勝手がいい。

STEP 5 本置きする

定期的にメンテナンスを

使い勝手のよいカバンとポーチにスッキリ収納できたら、後はメンテナンスをすればOK。特に、ポーチに入れるものは、その時々で変わってくるものです。持ち歩くのに必要なものか、もう使わないのか、定期的に見直して、スッキリ整理された使いやすいカバンを目指しましょう。

男性ビジネスバッグの整理のコツ

> A4サイズの入る軽めかつしっかりしたものを

»POINT

1. 中央に「平面のもの」を設置する
2. 使用頻度の高いものをポケットに
3. 大きめのポケットが2つあるカバンがベスト

- ❗ 大きめのポケットが2つあるとGOOD。
- ❗ パソコン、書類、雑誌などは中央に配置する。
- ❗ 使用頻度の高いスマートフォンやペンなどは、すぐに取り出せるようにポケットを定位置にする。
- ❗ スムーズな挨拶が行えるよう、ポケットには名刺入れを。

PART 4 モノの整理

女性ビジネスバッグの整理のコツ

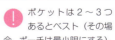

> 自立した堅めのカバンを選ぶ（マチが広すぎると自立しづらいので注意）

»POINT

1. 自立する堅めのカバンを選ぶ
2. 使用頻度の低いものをポーチに
3. ポケットが2～3あるものがベスト

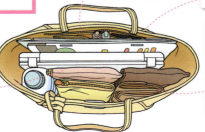

- ❗ ポケットは2～3つあるとベスト（その場合、ポーチは最小限にする）。
- ❗ 使用頻度の低いものはポーチに、高いものは内側のポケットに収納。
- ❗ マチの浅い、薄いポーチがお勧め。化粧品を多く持ち歩く方は「化粧直しで必ず使うもの」と「それ以外」に分けておくとスマート。
- ❗ チャックのないカバンの場合は、防犯の点と取り出しやすさから、手前に財布が来るように入れる。

■ 名刺の整理

ポイントは「手軽さ」。仕事のタイプ別・ベストな管理方法とは？

あなたは外勤型？それとも内勤型？

ビジネスパーソンにとって大事な顧客情報である名刺。どんな整理グッズを使うべきかは、主にその人の職種によって決まってきます。具体的には「多くの人と会うか、そうではないか」「外出が多いか、内勤が多いか」で決められます。

外勤が多い人の場合、さっと出し入れできる「ボックス型」がお勧めです。分け方は相手の名前、あるいは会社名のあいうえお順がわかりやすいでしょう。一方、**内勤が多い人は、ファイル型がパッと開いて使えるので便利**。特定の人とのやり取りが多い人は小型の、そうでない人は大型のものを選ぶといいでしょう。

ただ、どんな人にも共通するルールがあります。それは、「もらった名刺はすぐに処理すること」。時間が経ってしまうと、「あれ、この人誰だっけ」となりがちです。

会社が許すならば、「Eight（エイト）」などのデジタルサービスがやはり便利です。名刺を撮影するだけでデータ化でき、一度取り込んでしまえば検索も並べ替えもスムーズです。

ファイル型

さっと開ける利便性

ファイルにポケットがついており、そこに名刺を1枚1枚入れていくタイプ。一覧性が高く見やすいが、入れられる数はどうしても限られる。また、入れ替えがしにくく、並べ替えも容易ではない。外出が少なく、特定の人との連絡が多い人にとってはベストだろう。
メリットとして、名刺ファイルをパラパラと眺めていると、最近連絡を取っていない人などに気づくことができ、人脈の維持・整理に役立つということがある。

! 俯瞰性を活かすため、分野別に並べるのがお勧め。たとえば「デザイナー」を1ページにまとめておけば、誰にお願いするか検討する際に役立つ。

PART 4 モノの整理

ボックス型

ポンと入れておける手軽さ

! 50音順に並べる際は「名前順」なのか「会社名順」なのか迷うところだが、あえて厳密に分けなくてもいい。名前で見つからなければ会社名で調べればいいので、そこまで手間はかからない。

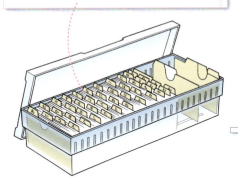

細長いボックスに名刺を入れていくタイプで、インデックスなどで仕切られている。何と言っても、1つのボックスに数百枚の名刺が入るその収納力が魅力。さっと放り込んでおけるから忙しい人でも整理しやすい。ただ、いざ使うときは取り出すひと手間がかかる。外勤の多い営業マンなどに適している名刺管理法だと言えるだろう。インデックスをうまく活用することで検索性が高まる。

COLUMN

! 意外と便利なロロデックス

アメリカ生まれの名刺管理ツール。ぱらぱらとめくって必要な名刺を探す。枚数もそれなりに入るので、ボックス型、ファイル型の双方の利点が享受できる。

■ 人脈の整理

溜め込むだけでは意味ナシ！「ノート」を活用して関係性を育てていこう

▍「名刺コレクター」になっていませんか？

「ビジネスパーソンにとって最も大事なのは人脈」とは、よく言われること。ただし、「名刺管理がしっかりできていること＝人脈管理がしっかりできていること」というわけではないことに注意したいところです。

よくあるのが「名刺コレクター」。著名人の名刺をひたすら集めて悦に入っている人のことを指します。==いくら名刺を集めても、その名刺を「活用」しなければ、何の意味もありません==。

では、どうするか。お勧めは、定期的に「名刺整理の日を作る」こと。半年に1度、あるいは1年に1度でも、持っている名刺をすべて見返して、要不要を決めていくのです。この作業をやっていると、「あ、この人に最近連絡していなかったな」などと気づくことがあります。実はこれが重要。名刺を見直すことで、新たなアクションを起こすきっかけとなるのです。

そして、==いらないと思った名刺は捨ててしまうこと==。名刺を捨てるのは失礼、という考え方もありますが、だからといって放置しておいたところで何も生まれません。

もう1つは、右ページで紹介する「人脈管理ノート」を作ること。名刺の情報に加えて、本当に大事な顧客については別途ノートを設け、情報を逐次書き足していくのです。

ノートは
どんなものでも
ＯＫ

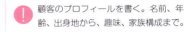

顧客のプロフィールを書く。名前、年齢、出身地から、趣味、家族構成まで。

日付と訪問時の会話内容を時系列で書いていく。

「人脈管理ノート」に書くべきこと

- ○○社
- Y村K太さん
- 40歳、長野県出身、趣味スキー
- お子さん1人（5歳）
- 5／20 訪問
- ウェブシステムに不満はあるが、あまり予算はかけられない
- 来週までに見積りを
- 6／1 ＴＥＬ
- 見積もりには満足。他社事例がほしいとのこと。週末までに用意

次回までのアクション（顧客からの宿題など）も。

人脈管理ノートのススメ

　営業の達人と呼ばれる人を取材すると、かなりの確率で「人脈管理ノート」やそれに類するものを持っていることがわかりました。しかも、あえてノートに手書きで書き出す人が多かったのです。

　具体的に何を書くかはその人によってさまざまですが、多くの人に共通していたのは**「お客様との会話内容を時系列でメモしていく」**こと。たとえば前回の訪問で「趣味は登山」という話を聞いたら、それをメモしておき、次回訪問時に「この夏は山に行かれたのですか？」などと話を振る。すると相手は「この人は自分の話を覚えていてくれたのか」と好印象を持つのです。

　取引先や顧客など、「本当に大事にすべき人」に関しては、こうしたノートを作ってみてはいかがでしょうか。

COLUMN

❗ 名刺には「日付」を書き込んでおこう

　どうしても名刺を整理している時間がない、という人は、とりあえず名刺に「日付」を入れておこう。その人と会った日さえわかれば、後で手帳を見返すなどして記憶をたどることが可能だからだ。「いつ会ったか」がわかるだけで、人は意外なほどに記憶がよみがえるもの。どんなに忙しくても「日付」だけは忘れないようにしたい。

■ 整理された状態を維持する

リバウンドゼロ！モノが溜まらない仕組みを作る8つのコツ

時代は「ものを持たない」に

　少し前「ミニマリスト」という言葉が流行しました。必要最低限のものしか持たずに生活を送る人たちのことで、部屋に家具が1つもない、というケースすらあります。「ものにしばられない」ことで、自由になれるのがその魅力です。

　もちろん、そんなものは理想論だと言う人もいるでしょう。

　ただ、時代そのものが「ものを持たない」方向にシフトしているのは紛れもない事実。

　そこでここでは、ものをなるべく持たない仕組みをどう作るか、取材で得られたそのヒントをご紹介します。

コツ1 「捨てる日」を作る

　どうしてもものが溜まりがちな人は、毎月1日などと日を決めて、**「捨てる日」を設けるのが効果的**です。片づけに役立つのはもちろんですが、自分の仕事を振り返り、より効率的な仕事の仕方を考えるためのよい機会にもなるはず。同様に、集めた情報に関してもただ溜め込むだけでなく、定期的に見直して取捨選択する日を設けるといいでしょう。

コツ2
ペーパーレス化を進める

「働き方改革」に関する取材で、最近、最も多く目にするのがこの施策です。紙の書類を原則として廃止し、その代わりに1人ひとりがノートパソコンを持ち歩き、資料はすべてデータで配布。会議室には大型のモニターが置かれ、そこに資料を映し出しながら会議が行われる。

こうすることで資料を保管するスペースが節約でき、必要な書類を探すスピードもぐっと早くなります。

ただ、導入には反対がつきもの。この施策が成功するかのカギは、設備の有無以上に、最も紙の資料に慣れているはずの**トップ層が本気で実行するかにかかっている**ようです。結局、上の人間が実行しないことには、下の人間も実行できません。

コツ3
書類のサイズを揃える

「世の中はペーパーレスの時代」とは言いながら、実はもっと基本的なことができていない会社も多いのが現実です。この「書類のサイズを揃える」がまさに典型。会議のたびにサイズも向きも違う資料が配られ、ファイリングにも一苦労、という会社は意外に多いようです。

やはり**基本はA4サイズに統一すべき**でしょう。A3もできれば避けるべきです。B判は基本、使わない。

さらに、書類の向きの統一も重要です。書類が縦だったり横だったりすると、視認性が一気に低下するからです。

書類のフォーマットを
そろえることも大事

コツ4
シェアする

あなたのオフィスに「シェア」できるものはないでしょうか。月に1回くらいしか発生しない業務のためのグッズを、1人ひとりが持っているのは場所のムダかもしれません。

具体的には、大型の定規、CD−Rドライブ、プレゼンで使うポインターなど。シェアできるものがないか、一度会社全体でリストアップしてみてはどうでしょうか。

コツ5
正体不明の書類はひたすらスキャンする

スキャニングはペーパーレス化の強い味方ですが、実際にはそれなりに手間がかかるもの。しかも、「どういう基準で分類をするか」「どういうルールでファイル名をつけるか」「どのフォルダにどんなファイルを入れておくか」などを考えていると、なかなか取りかかれないものです。

中でも、「いつか使うかもしれないが、いつ使うかはわからない」といった書類や、そもそも正体不明の書類は、スキャンしたところでどうしていいか迷うところでしょう。

そういった「正体不明の書類」は、いっそ「その他」などという名前をつけ、まとめていっせいにスキャンしてしまいましょう。もちろん、検索性は損なわれますが、どうせいつ使うかわからない書類ですから、必要になることもそうそうないはず。

大事なことは、「必要になったらデータを探せばいい」と割り切れば、安心して捨てることができる、ということです。

企画　　　　請求書　　　　その他　　迷ったらすべてここへ

コツ6
なんでも撮影する

　たとえばメールで送られてきたリストをもとに、倉庫に行って参考資料を探す際、普通はメールをプリントアウトして持っていくでしょう。そんなときはいっそ、画面ごとスマホで撮影してしまえば、紙は不要になります。資料のコピーも、参照したい部分がその一部なら、そこだけ撮影すればいいでしょう。

　メモすることはビジネスの基本ではありますが、その一部を撮影に置き換えれば、ムダな紙は増えないはずです。

コツ7
席替えをする

　以前、ある経営者に「ものを減らすコツは？」と聞いて返ってきた答えがこれ。正確には、「引っ越しあるいは席替えをする」こと。今の場所から移動しなくてはならなくなると、当然、自分の持ち物をすべて運ぶ必要が出てきます。これをわざわざ持っていくべきかどうか、という視点で自分の持ち物を見直すと、ムダなものが見えてくるというわけです。

コツ8
なるべく「ラクをしよう」と考える

　最後に、心構えを1つ。整理は「目的」ではありません。整理整頓を完璧にやろうとするよりも、むしろ「どうやったらラクできるか」という発想が大事です。

　「必要なときにすぐ手に取れるよう、箱のふたを取っておこう」「これとこれはまとめておこう」「フォルダ分けが面倒だから、検索で見つけられればよしとしよう」など、「どうすればラクになるか」という発想があれば、整理のアイデアもわいてくるはずです。

＊私の整理術 4　　プライベート・自宅編

富澤英明さん

自宅にＡ４サイズくらいの「なんでもボックス」を置いておき、レシートなどはとりあえずそこへ。そして、週末に処理する。

えがお55さん

衣類、靴などは決めた数に収める。新しく購入したら古いものから処分。

あきこさん

洋服のリストを作り何回着たか正の字を書いてカウントする。数カ月ごとにチェックし、着ていないもの、着た回数の少ないものを捨てる。

大田正文さん

ものの置き場所は動線によって決める。たとえば、朝起きてからどう動くかを考え、ものを配置する。

たえたえさん

お財布の中の福沢諭吉を逆向きに入れる。すると、ムダ遣いしなくなる。

sojiさん

レシートは財布ではなく、ポケットに入れてしまう。すると邪魔になるので、すぐに処理するようになる。

久保田桂子さん

お店のポイントカードやスタンプカードは、滅多に行かない場合と、有効期限がある場合も作らない。

ＫＫＹさん

ランドリーバッグをクローゼットに吊るしておき、洗濯物をそこに放り込む。週末にそれを持ってクリーニングに行けばいいので楽。

匿名希望

本棚の真ん中あたりの１段分を「とりあえずのもの置き場」にしています。ちょうど手が届きやすく便利なうえ、スペースが限られているのでものを置き過ぎることもない。

PART 5

自宅の整理

いくらオフィスがきれいに整えられていても、自宅に帰るとモノがあふれかえっている……。これでは、落ち着いて心と身体を休ませることもできません。
実は、自宅の整理とオフィスの整理には共通点が多いもの。同じノウハウを活用することで、スッキリと整った快適な部屋を実現しましょう。

■ クローゼットの整理 1

着たい服がすぐに見つかる！整理のシステム構築は「棚卸し」から始める

●教えてくれた人：**草間雅子**さん（美的収納プランナー）

キーワードは「一目瞭然・ワンアクション」

　ビジネスパーソンにとって身だしなみは重要ですが、同時に、朝の貴重な時間を1分でもムダにしたくないものです。そのためのクローゼットの整理の目標は「**一目瞭然・ワンアクション**」です。つまり、できるだけ服を重ねず、ひと目で着たい衣服がすぐに見つかり、ワンアクションで取り出せる。このシステムを作ることが重要です。

　そのためにまず、やるべきは「分ける」こと。最初に、**すべての衣服をオンに着るものとオフに着るものに仕分けします**。続いて、それぞれについてアウター、スーツ、ワイシャツ、ネクタイなど小物……と、大きなものから小さなものへとカテゴライズしていきます。

　これはいわば、「衣服の棚卸し」。こうすることで、自分がどれほどの数の衣類を持っているかが見えてきます。

　よくあるのが、よく着る服ばかりが目立つところにあり、そうでないものが奥のほうに詰め込まれており、自分自身で何を持っているのかがわからないというパターンです。

　だからこそ、自分の衣類の棚卸しをすること。これが、「着たい服がすぐに探せて、ワンアクションで取り出せる」システム作りのスタートです。

STEP 1

オン・オフに分ける

衣類の整理の第一歩は、自分がどんな衣服をどのくらい持っているかを把握すること。まずはすべての衣服を出してみたうえで、「オンに着る服」と「オフに着る服」に分けることから始めよう。これが一番わかりやすい分け方だからだ。

STEP 2

カテゴリーに分ける

「オンに着る服」と「オフに着る服」に分けたら、続いて「カテゴリー」ごとに分けていく。アウター、スーツ、ワイシャツ、ネクタイなど小物……と、大きなものから小さなものへと分けていくのがポイント。

STEP 3

動線を考えて置き場所を決める

カテゴリーに分けたら、朝、起きてから家を出るまでの動線を考えて、最適な場所に衣類を配置していく。基本はクローゼットと洗面所と玄関の3ヵ所。行ったり来たりするようなムダがなるべく生じないように配置していこう。その際は、「衣類はクローゼットに」という常識に縛られないことが大事。たとえば、スーツを玄関に吊るしてもいい。

! 朝にシャワーを浴びる人は、風呂場の近くに下着を置いておくと効率的

衣類はクローゼットに、という常識に縛られない

　分類が終わったら、続いて行うのは置き場所を考えることです。この際に重要なのは、**身支度をする際の「動線」を意識して置き場所を考えること**です。

　たとえば、朝起きてから出かけるまでの動線を考えてみましょう。朝、シャワーを浴びる習慣がある人なら、下着はクローゼットではなく風呂場の近くの棚にあるほうが効率的なはず。このように、なるべく行ったり来たりを減らし、最短距離で支度ができる動線を目指しましょう。

■ クローゼットの整理2

ハンガーを活用した「吊るす収納」なら、すべての衣類が一目瞭然

● 教えてくれた人：**草間雅子**さん

大事なのは「法則性」に従って並べること

　置き場所を決めることができたら、次はいよいよ「並べ方」です。ここでぜひ活用したいのが**ハンガーによる「吊るす収納」**。吊るすことで何がどこにあるかが一目瞭然となり、取り出すときもスムーズに出せる。まさに「一目瞭然・ワンアクション」を実現できるからです。

　一方、衣装ケースへの収納は中身が見えないうえに、ふたや引き出しを開けて取り出す手間がかかるのであまりお勧めできません。

　では、ハンガーに吊るした衣類をどう並べるかですが、大事なのは「法則性」です。たとえば**ワイシャツなら、濃い色から淡い色に、などとグラデーションになるように並べる**のです。

　ここで多くの人は「使用頻度ごとに並べよう」と思うかもしれませんが、まずは法則性に従って並べてみることをお勧めします。そうすることで、「この服はあまり好みではないのだな」などと、自分の好みが自覚できるようになるからです。すると、同じような服を買ってお金をムダにすることもありませんし、着ないとわかった服は気兼ねなく捨てることもできます。

　ぜひ、自分に合った衣類の収納を実現し、短い時間で効率よく身だしなみを済ませ、朝の時間を有効に活用できるようになっていただきたいと思います。

STEP 4

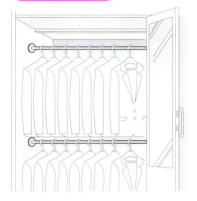

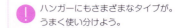
ハンガーにもさまざまなタイプが。うまく使い分けよう。

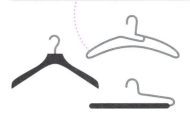

クローゼットを「一目瞭然・ワンアクション」に

クローゼットに配置するにあたって重要なのが、ハンガーの使い方。ハンガーにもいろいろな種類があり、使い分けるとより整理がうまくいく。また、クローゼットにポールが少ない人は、簡単なリフォームで増やすことも可能だ。あるいは、既存のポールにかけることができる「ブランコハンガー」も便利なアイテム。こうしたグッズをうまく使って「一目瞭然・ワンアクション」の収納を。

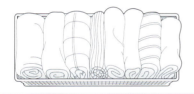
下着類などは丸めて収納するのがコンパクトでいいように思えるが、普通に畳むのが一番薄くなる。そのうえで立てて収納すれば、上から見てもわかりやすい。

ネクタイはこのように立てて並べておくと、俯瞰できて便利。面倒なら吊るしておくだけでもOK。

COLUMN

❗ 押入れの人はどうする？

家にあるのがクローゼットではなく押入れだという人も、ぜひハンガーを活用した収納を。たとえば、キャスターを取ったハンガーラックを押入れに入れれば、クローゼットと同様に使える。スペースが足りないなら、薄い針金ハンガーを使うなどの手もある。

■自宅整理のコツ1「持ち込まない」

「玄関ストップ」で、不要なものを決して家の中に入れない

● 教えてくれた人：**小林尚子**さん（整理収納アドバイザー）

片づけられないのは「ベストな場所」ではないから？

　ものの定位置を決め、使い終わったらその日のうちにそこへ戻す。片づけの原則はオフィスも家庭も同じです。ただ、その習慣がなかなか身につかず、いつも家の中が散らかっているとしたら、ひょっとしてその定位置が「ベストな場所」ではないのかもしれません。

　定位置というと、靴ならシューズボックス、服ならクローゼットなどと、きれいに収まる場所を選びがちです。ただ、より大事なのは **「いつ、誰が、どこでそれを使うのか」** です。

　たとえば我が家では子供の制服を洗面所に置いています。これは、子供が朝起きて顔を洗い、パジャマを脱いで制服に着替えるという一連の流れを考えたとき、クローゼットよりも洗面所に置いたほうが使い勝手がよいと判断したからです。実際、こうすることで服が散らかることもなく、片づいた状態を維持できています。

　「服はクローゼットに」「靴はシューズボックスに」などという常識にとらわれず、自由な発想で置き場所を決めればいいのです。

　同様に、ぜひ意識していただきたいことがあります。それは **「玄関ストップ」**。多くの人は、わざわざ部屋に持ち込む必要のないものを部屋に持ち込んでしまうため、部屋の中が散らかってしまうのです。そこで、玄関に置く場所や捨てる場所を作ることで、不要なものの増加を防ぐことができます。

★カギ
玄関にフックをつけて収納

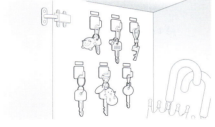

> ! 1人1つずつフックを設けると便利。

部屋で使うことがないカギは、玄関に置いておくのがベスト。我が家ではシューズボックス内にフックをつけ、家族ごとに置き場を作っています。ここに家のカギはもちろん、自転車や車のカギもすべてひっかけるようにしています。こうすることで、「カギがないから外出しているな」とか、「自転車に乗って出かけたのだな」などと、家族が何をしているかがわかるという効果も。

毎日送られてくるDMやカタログなどの郵送物。そもそも不要であるにもかかわらず、ついつい机の上に放り出し、そのままにしがちです。ここもポイントは「室内に入れない」こと。我が家では玄関のシューズボックス内に細長いファイルボックスを「ゴミ箱」として置き、その中に袋を入れています。そして、ポストから取り出した郵便物のうち、不要なものはその場で捨てています。

★不要なDMやカタログ
家に入る前に捨てられる仕組みを作る

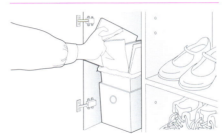

> ! 細長いファイルボックスは狭いスペースにうまく収まる。

動線を考え、定位置を決めるのが片づけのスタート

　上で紹介している「カギ」はその代表です。自宅のカギにしても自動車や自転車のカギにしても、部屋の中で使うことはまずありませんから、玄関に置き場を作るのがベスト。レジャーシートや自転車関連のグッズも基本的に外で使用するものですから、やはり玄関に置き場を作るといいでしょう。

　このように**「生活の動線を考え、定位置を決めていく」**ことが、自宅の片づけのスタートとなります。

■自宅整理のコツ2「定位置を決める」

「生活の動線」を考えて配置すれば、みるみる片づいていく

●教えてくれた人：小林尚子さん

▌「一時保管ボックス」も活用しよう

　先ほど述べたように、自宅の整理の基本は「生活の動線に合わせてものの定位置を決め、使い終わったらその日のうちにそこへ戻す」こと。定位置を決める際には常識にとらわれず、==いつ、誰が、どこでそれを使うのか==を意識して決めていきます。

　それでも散らかってしまう、あるいはいちいち元の場所に戻すのが面倒なら、==「一時保管ボックス」==を設けるといいでしょう。たとえばリビングにボックスを置いておき、読み終わった本などを机の上に放置することなく、ボックスへ。そして、寝る前にこのボックスにあるものを定位置に戻していくのです。こうすれば、毎日、定位置にものがある状態から1日をスタートすることができます。

　普段の生活の場であるリビングの机の上には、本や手帳、あるいはブラシなどの細々したものが散乱しがちです。「一時保管ボックス」を設置し、常にボックスに入れる習慣をつければ、不要なものが放置されたまま、という状態を防ぐことができるでしょう。

ボックスの中に入れたものは、夜、定位置に

衣類の収納は「洗面所」がお勧め

「衣類はクローゼットに」と考える人が多いと思いますが、実はお勧めなのが洗面所です。なぜなら、多くの人は洗面所で衣類を替えるから。パジャマや部屋着、下着などを洗面所に収納しておくことで「パジャマを脱いで洗濯機に」「帰宅後に手を洗って部屋着に」「お風呂あがりにパジャマを」という一連の動作を洗面所内でスムーズに行えるようになり、衣類が散らかることもありません。

> 洗面所で着替えることが多いなら、そこに着替えを置くのが合理的。

レシートは帰宅後すぐにボックスの定位置に

つい財布に溜まりがちなレシートは、帰宅後すぐに処理するのが基本。ただ、毎日家計簿などに控えるのは面倒なので、我が家では2つに区切ったトレイを活用し、レシート類はとりあえず手前のトレイに。数日分溜まったら中身を見直し、レシートは家計簿ソフトに入力し処分。一方、税金などの重要書類は奥のトレイへ移動し、後日まとめてファイリングするようにしています。

> とりあえず入れればいいので、疲れていても実行できるはず。

使用頻度の高いものは最初から「1部屋に1つ」

ペンやはさみなど使用頻度が高いグッズは、なぜか必要なときに見つからないもの。結局、同じグッズを買うことになり、気がつくと家にはさみが3本も4本も……。これを防ぐための一番いい方法は、「使用頻度が高いものは、最初から1つの部屋に1つずつ置いておく」こと。探す手間も省けますし、他の部屋から持ち込んでそのまま放置することもなくなります。

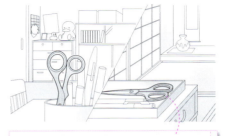

> 文具は小分けのケースを使って収納すると便利。

PART 5 自宅の整理

■ 自宅整理のコツ3「溜め込まない」

グッズの利用と「収納ルール」で部屋をスッキリ整える

●教えてくれた人：小林尚子さん

収納グッズは「同じ形状のもの」を

　新聞や雑誌、靴、クリーニングに出す前の服……どんな家にもつい、溜め込みがちになってしまうものがあるはず。これを防ぐためにも「定位置」が大事ですが、後で出したり捨てたりするときの動線まで考えて定位置を決めると、よりスムーズに片づけられます。

　収納に役立つグッズはいろいろありますが、**機能的かつシンプルで、同じ形状の入れ物を選ぶといい**でしょう。同じ形状のグッズなら、並べたり重ねたりが自在にできるからです。

　また、使い方は本来の用途に限定しなくてもOK。ちなみに我が家では無印良品のファイルボックスを愛用していますが、書類以外にもバッグや食器の収納、あるいはゴミ箱としても使っています。

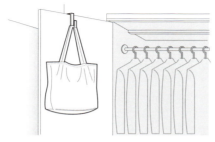

クローゼットの裏に吊るしておけば見栄えも悪くない

クリーニングに出す衣類はフックを利用し吊るして収納

週末にクリーニングに出す衣類が部屋の隅に山積み……。そんなときはクローゼットの扉の内側スペースにフックを取りつけ、クリーニング専用のバッグをそこへかけておきましょう。クリーニングに出す予定の衣類が発生したら、そこに入れることを徹底すれば、スッキリした部屋の状態を保てます。

新聞はバスケットに入れて溜まったらそのまま捨てる

新聞はかさばるので保管場所に困りがち。手軽に保管でき、溜まったらすぐに処理できるよう、我が家ではバスケットの中に紙袋をセットし、読み終えた新聞をそこに入れるようにしています。これなら捨てるときに楽ですし、バスケットなら外見もインテリアにマッチするので気になりません。

! 見える場所に置いても気にならない。

ストックは上限を決めすぐ近くに置く

トイレットペーパーやキッチンペーパー、洗剤など、生活用品はまとめ買いするほうがお得ですが、買い過ぎるとストックが収納に入りきらなくなることも。これを防ぐには「洗剤は1本」「キッチンペーパーは2本」などと、「ストック上限」を決めておくこと。

! ストックを本体のすぐそばに置いておくと、ストックの有無が一目でわかって便利。

靴も季節ごとに「衣替え」して玄関には今履く靴だけを

大前提として、玄関のシューズボックスには「今、履く靴」だけを入れること。そして、衣類と同じく、靴も「衣替え」をしましょう。
シーズンごとの靴や冠婚葬祭用の靴などは共通のボックスに入れてクローゼットに収納しておくのです。その際、靴を入れた箱の正面にその靴の写真を貼っておくと、探す際に便利です。

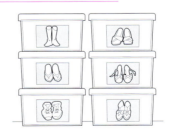

! 裏に別のシーズンの靴の写真を貼っておけば、1つの箱を共用できる。

■ 自宅整理のコツ4「なくさない」

「用途が同じもの」をひとまとめにすれば、必要なものがすぐ見つかる

● 教えてくれた人：小林尚子さん

「よく使わないもの」にこそ、ラベルが必要

　必要なときに必要なものが見当たらない……こうした問題を防ぐための収納のコツは、**「用途が同じもの」をひとまとめにしておくこと**。たとえば病院の診察券とお薬手帳をまとめてケースに入れておけば、通院の際、それをバッグに入れるだけでいい。あるいは、冠婚葬祭用に使うグッズもひとまとめにしておくと便利。中でも急なことが多い葬儀用に、香典袋や袱紗（ふくさ）、薄墨ペン、数珠などをひとまとめにして保管しておくといいでしょう。

　さらに、**ラベルを貼ることで、そこに何が入っているかが誰でもわかるように**しておきましょう。それも、特に「たまにしか使わないもの」をラベルで明示しておくことです。

　収納は「よく使うものを前に、たまにしか使わないものを奥に」が基本ですが、そのため奥に何を入れたかを忘れがち。手前にラベルを貼っておくことで、何が入っているかがひと目でわかるようにしておくのです。

葬儀の際に必要になるものは、トレイなどにまとめて保管

説明書の管理はファイルよりもボックスがお勧め

家電などの各種説明書は、ファイルボックスにインデックスをつけて保管するのがお勧めです。ファイルだと分厚い説明書が入れにくいなどの問題がありますが、ファイルボックスならそうした調整がしやすく、取り出しもファイルに比べて簡単です。

! 増減が楽なのがファイルボックスのメリット。

病院の診察券など、通院の際に必要なものをひとまとめ

通院中の病院の診察券などは、家族1人に1つずつポーチを用意し、そこにまとめて入れておきましょう。診察券だけでなく、お薬手帳や保険証、パンフレットなどを入れておくとさらに便利。ポーチの置き場所は薬箱の側にするなど、ここも動線を意識して配置を。

! 家族ごとに用意しておく。

電子機器のコードや充電器はケースに入れてまとめておこう

説明書と並び、いつの間にか増えがちなうえに収納しにくいのが、電子機器の備品やコード、充電器など。形がバラバラなこれらを収納するには、ジッパーで留められる半透明のケースを用意し、機種ごとにまとめておくと便利。そのグッズを使う際は、ケースごと持っていけばいいので楽。半透明なら中身もわかる。

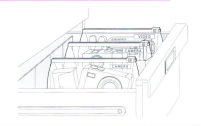

! 無印良品のEVAケースなどが使いやすい。

PART 5 自宅の整理

今回、ご登場いただいた方のプロフィール
(掲載順)

オダギリ展子さん
事務効率化コンサルタント
特許および貿易事務の業務に携わり、事務業務のリスクヘッジと効率化のノウハウを身につける。その結果、過去の担当者の「月100時間残業」をゼロにした。現在は、「整理術」を主に執筆活動やセミナーなどを行っている。著書に『事務ミスがない人の図解整理術〔書類・メモ・データ〕』『デスクワーク整理術』(ともに三笠書房)などがある。
オフィス事務の効率学：http://www.office-jimu.com/

飯田久恵さん
収納カウンセラー／ゆとり工房代表／(一社)日本収納カウンセラー協会代表理事
1980年代より、収納家具やシステムキッチンの設計に従事。その経験から収納の重要性を感じ、実践を交えた整理収納の理論や方法を「整理収納学」として体系化する。90年に日本初の収納コンサルティング会社「ゆとり工房」を設立。収納カウンセラーとして企業や住宅の収納提案を行っている。テレビ『ためしてガッテン』(NHK)などメディア出演でも活躍。セミナー「オフィス・パソコンデータの収納」も開催。『家庭も仕事もうまくいく一流の収納術』(ぱる出版)など、著書多数。詳細は収納ゆとり工房にて検索を。

桃山　透さん
T&Eネットワーク主宰
1968年、大阪府生まれ。金融系企業の営業、コピーライター、出版社の編集者、業界新聞の編集長を経て、フリーライターに。主にビジネス書、実用書、医学書関連の執筆・編集・監修に携わる。整理術・手帳術には特に強く、日経BP社や『プレジデント』のオンラインで整理術や手帳術のコラムを執筆。著書に『会社では教えてくれない！　頭のいい整理術・ファイリング術』(ぱる出版)など。

佐々木正悟さん
心理学ジャーナリスト
1973年、北海道生まれ。97年、獨協大学卒業後、ドコモ・サービス㈱に入社。2001年よりアヴィラ大学心理学科に留学。同大学卒業後、ネバダ州立大学リノ校実験心理科博士課程に学ぶ。05年に帰国後、効率化と心理学を掛け合わせた「ライフハック心理学」の理論を打ち立て、講演活動と執筆業に携わる。『Evernote 仕事術』(東洋経済新報社)、『イラスト図解 先送りせず「すぐやる人」になる100の方法』(KADOKAWA)など、著書多数。

坂戸健司さん
ビジネスプランナー
1955年、広島県生まれ。武蔵野美術短期大学を卒業後、広告業界に入る。ディレクター、プランナー、人材育成・コンサルタントなど、仕事は多岐にわたる。著書に『すごい！　整理術』（ＰＨＰビジネス新書）、『できる人のメモの技術』（中経の文庫）などがある。

平本あきおさん
講師／講演家／メンタルコーチ
1965年、兵庫県生まれ。「米国アドラー大学院修士号」取得者。東京大学大学院修士（専門は臨床心理）。病院での心理カウンセラーや、福祉系専門学校の心理学講師を歴任。95年渡米し、アドラー心理学をベースに600種類以上の心理学やボディワーク、瞑想を習得後、数々の手法を統合。
2001年、日本に帰国。トップアスリートや有名俳優、上場企業経営者をコーチング。「現場変革リーダー養成コース」を主宰。講演や雑誌連載、TV出演等も多数。著書に、『フセンで考えるとうまくいく』（現代書林）などがある。

草間雅子さん
美的収納プランナー
医療機器メーカーなどの社長付き秘書を務めていたとき、リバウンドしない収納システムが評判になり相談を受けていくうちに、オフィスや家庭の収納の重要性を実感。「収納学」と「カラーイメージ理論」を学び、個人事務所Feliceを設立。リバウンドの少ない独自の分類収納法「美的収納」を確立する。個人宅やオフィス、店舗の収納コーディネートを手がける他、セミナー、コンサルティングなどで幅広く活躍。

小林尚子さん
整理収納アドバイザー
結婚後、6回の転勤＆引っ越しを経験し、スムーズな引っ越しを考える中、無印良品にはまり、整理収納への関心が高まる。その後、整理収納アドバイザーの資格を取得。雑誌、新聞、テレビ出演の他、整理収納講座なども開催。日本テレビ「スッキリ」に出演後、最強ムジラーと評判になる。著書に、『とことん使える！　無印良品』（講談社）。

ご協力いただいた読者の皆様（掲載順）
としさん／津江康太さん／まさきさん／福来る娘さん／たまさん／浄土川さん／季東将司さん／澤田貴裕さん／たろうさん／トトクンさん／ta2papaさん／吉見満雄さん／鎌田祐実子さん／佐藤浩郎さん／たはし　ひろたかさん／藤生氏さん／小栗光俊さん／kitty2さん／まさまさん／KaznoB2さん／池葉丈志さん／はたぴーさん／りゅうけんさん／文具マニアさん／小畑益彦さん／松下能久さん／富澤英明さん／えがお55さん／あきこさん／大田正文さん／たえたえさん／sojiさん／久保田桂子さん／KKYさん

〈編者紹介〉
月刊『THE21』
忙しい毎日を送るビジネスパーソンに役立つ情報を毎月お届けする月刊誌。仕事やキャリア形成のコツを始め、健康や食事、お金のことなど人生に必要な幅広い知識を、識者へのインタビューを中心に構成。中でも「整理術」は人気のテーマ。毎月10日発売。

装丁：一瀬錠二（Art of NOISE）
本文デザイン、イラスト（PART5）：齋藤稔（株式会社ジーラム）
イラスト（PART1～4）：勝山英幸
イラスト（p12、p22～24引き出し）：黒柳典子
編集協力：スタジオ・チャックモール

記事初出：2015年11月号（オダギリ氏、桃山氏）、2016年11月号（飯田氏、草間氏・クローゼット）、2017年6月号（坂戸氏）、2018年5月号（草間氏・バッグ、小林氏）、2018年11月号（佐々木氏、平本氏）※ただし記事内容は大幅に改編しています。
その他はすべて書き下ろし。

生産性2倍の整理術

2019年7月10日　第1版第1刷発行

編　者	『THE21』編集部
発 行 者	後藤淳一
発 行 所	株式会社PHP研究所

東京本部　〒135-8137　江東区豊洲5-6-52
　　　　第二制作部ビジネス課　☎03-3520-9619（編集）
　　　　　　　　　　　普及部　☎03-3520-9630（販売）
京都本部　〒601-8411　京都市南区西九条北ノ内町11
　　　　PHP INTERFACE　https://www.php.co.jp/

組　版	朝日メディアインターナショナル株式会社
印 刷 所	大日本印刷株式会社
製 本 所	東京美術紙工協業組合

©PHP Institute,Inc. 2019 Printed in Japan　　ISBN978-4-569-84323-0
※本書の無断複製（コピー・スキャン・デジタル化等）は著作権法で認められた場合を除き、禁じられています。また、本書を代行業者等に依頼してスキャンやデジタル化することは、いかなる場合でも認められておりません。
※落丁・乱丁本の場合は弊社制作管理部（☎03-3520-9626）へご連絡下さい。送料弊社負担にてお取り替えいたします。